| 光明社科文库 |

对H.理查德·尼布尔
神学与伦理学思想的概要研究

张和军◎著

光明日报出版社

图书在版编目（CIP）数据

对 H·理查德·尼布尔神学与伦理学思想的概要研究 /
张和军著 . -- 北京：光明日报出版社，2018.9
ISBN 978 - 7 - 5194 - 4673 - 4

Ⅰ.①对… Ⅱ.①张… Ⅲ.①H·理查德·尼布尔—
伦理学—思想评论②H·理查德·尼布尔—神学—思想评论
Ⅳ.①B82-097.12②B972

中国版本图书馆 CIP 数据核字（2018）第 223764 号

对 H. 理查德·尼布尔神学与伦理学思想的概要研究
DUI H. LICHADE · NIBUER SHENXUE YU LUNLIXUE SIXIANG DE GAIYAO YANJIU

著　　者：张和军

责任编辑：王　娟　　　　　　　　责任校对：赵鸣鸣
封面设计：中联学林　　　　　　　　责任印制：曹　净

出版发行：光明日报出版社
地　　址：北京市西城区永安路 106 号，100050
电　　话：010 - 67078251（咨询），63131930（邮购）
传　　真：010 - 67078227，67078255
网　　址：http：//book. gmw. cn
E - mail：wangjuan@ gmw. cn
法律顾问：北京德恒律师事务所龚柳方律师

印　　刷：三河市华东印刷有限公司
装　　订：三河市华东印刷有限公司
本书如有破损、缺页、装订错误，请与本社联系调换，电话：010 - 67019571

开　　本：170mm×240mm
字　　数：192 千字　　　　　　　　印　　张：15.5
版　　次：2019 年 1 月第 1 版　　　　印　　次：2019 年 1 月第 1 次印刷
书　　号：ISBN 978 - 7 - 5194 - 4673 - 4
定　　价：78.00 元

前　言

伦理学和神学家 H. 理查德·尼布尔（以下简称 H. R. 尼布尔）是 20 世纪美国新正统派神学思想的缔造者之一，他的思想成果涉及了社会学、宗教哲学、神学、伦理学和美国宗教史等许多方面。他创造性地综合了彻底的一神论与文化多元主义来解决人类现存的信仰危机问题，与美国其他众多的神学思想家一道，激发着现在的人们积极地进行信仰问题的探索与研究。在信仰危机日渐加剧的当今时代，重新研究他的神学和伦理学思想的内涵，对于寻找神学关于上帝问题的答案以及对于寻找解决当代信仰危机和道德出路的问题必定能够给我们一些有价值的启发。

从 H. R. 尼布尔著作的内容来看，他的神学与伦理学思想留给我们解决当代信仰危机和道德问题的启迪是：

（1）他提出的上帝的启示及超验性以及人的原罪与局限性观点可以用来解释现实社会的种种信仰问题，并引领人们走出这些问题所造成的困惑。这对于打破偶像崇拜以及解决信仰的世俗化问题有相当的启发性价值。

（2）他强调圣经的权威性。认为圣经的权威性在于，它不仅是上帝过去的启示，而且还预示着未来。但到底是哪些内容预示着未来，就需要来展开进行深入研究。

（3）他重视上帝对人类的最终拯救，重视对社会福音、社会制度、社会问题的研究，关心社会伦理状况的改善，将基督教的信仰目标与现实社会的人的需求结合在了一起。这对我们研究当代社会人的伦理问题指出了一条可以借鉴的思路。

（4）他提出的以上帝为中心的相对主义神学和责任伦理学，自始至终都把人类中心主义变换为"独一的上帝是一切价值的仲裁"，无论是谈到启示、信仰还是谈及责任，他都把社会群体的感觉与以上帝为中心的生活联系在一起。这对于修正人类中心主义和摆正人与自然的关系具有积极的指导意义。在这一点上，该思想与中国古代的天人合一思想高度近似。

把 H.R.尼布尔的神学和伦理学思想作为本书研究的选题，正是基于上述四点考虑而进行的。一方面，它可以补充汉语基督教学界对 H.R.尼布尔神学和伦理学思想内容系统介绍的不足；另一方面，可以对他的思想进行深入挖掘，以便在当今时代"信仰危机"情况下，对解决人类可能或者已经出现的种种信仰问题提供一些有价值的参考和指导。本书的立意是对 H.R.尼布尔的思想进行概要的介绍，即对 H.R.尼布尔的神学思想和伦理学思想进行客观性描述，并采用解说性的方法来对 H.R.尼布尔的思想结构和思想素材进行维持原貌的保真性梳理。

本书是汉语基督教学界对 H.R.尼布尔思想体系进行系统介绍的第一次尝试。虽然在十分复杂的20世纪神学发展的背景中介绍一个思想家的思想体系具有相当大的困难，甚至占有相对全面的资料也相当成问题，但经过数年的努力，本书作者从 H. R. 尼布尔众多的著作中抽取概括出了关于他思想体系的一个基本框架，并用这一框架较为系统地向读者提供一个内容概况。同时，本书将指出他对基础神学（Foundational Theology）、叙事神学（Narrative Theology）和环境神学（Environmental Theology）等的一系列思想性贡献，并逐一加以介绍，尽可能进行理论概括和分析，并对他思想中的关于上帝中心主义（Theocentrism）、相对主义（Relativism）和转化主义（Conversionism）等思想内容所表现出来的欠缺进行了尽可能深入的探讨。

关于神学的永恒主题——上帝问题，H. R. 尼布尔提出，我们应该首先投身于研究解决"我们是怎么认识上帝的"这个问题，然后再去研究解决"我们如何侍奉上帝"这个问题。

具体表现在：第一，在同时代的宗教社会学和心理学新发展的巨大冲击下，面对怎么认识上帝这一问题，在通过对现实主义的高度提炼后，他提出了神学要能够解释包含在所有关于宗教体验的和宗教论述的、理性的和非理性的、先验的和文化事实的思想的相互对立。H. R. 尼布尔十分关注对现实主义的加工和提炼，并提出了通过信仰和思想围绕上帝并植根于经验的观点来认识上帝："上帝永在，我们确信无论何时何地无论对于任何人，上帝通过这个世界向我们展现出了个人生命或社会生命中的理性、美丽和善良。"

第二，他提出通过对以往神学思想进行新的综合来达到对上帝的认识。在《美国的上帝之国》中，H. R. 尼布尔在新教的上帝之国的统一原则里发现三个十分明晰的主题：在上帝之国里的基督教信仰是一个三位一体的事物：它的第一个元素是对神权的确信，即便这个神权被深深地隐藏，但它依然是所有现实中和所有现实后的现实。第二个元素是确信在耶稣基督中隐藏着的王国不仅可以用确定的形式来揭示，而且这一确定的形式可以向那些挑战人的天性及其规律的人们展开一个特殊的、认识生命的新鲜历程。第三个元素是生命的前进方向，即努力向着临近的上帝之国或者向着生命的救赎方向前进。

　　H. R.尼布尔认识到对于美国的基督教徒而言，必须把这三个主题统一在动态交叉的状态下；缺乏任何一个，都不能全面的领悟和贯彻基督教徒的信仰。他指出了他的研究依赖于三个基础定论：第一，自保是所有思考中错误的最普遍的来源，特别是在神学和伦理学里。他说："我不企望在我抱着忏悔之心来解释基督教教义时能够不犯这种错误，但我至少努力防范这种错误"。第二，生命里罪恶的最大来源是把相对的东西绝对化，在基督教中则表现为用宗教、神的启示、教会或基督教徒的德行来替代上帝。第三，基督教是永恒的改革运动，该运动在这个世界的任何时刻任何地点都没有终结。他断言这三个定论表明人在接受上帝的恩典。上帝是我们的最高统治者，并存在于永恒的生命中。他指出我们必须从外在历史和内在历史的区别上来揭示认识上帝的逻辑进程——即上帝的启示与人类历史是如何关联的问题。

　　H. R.尼布尔在他的"历史的两面性理论"（two‑aspect theory of history）里阐述了启示与历史是如何关联的问题："外在历史"（external history）是指只要具有相同文化背景的人或是对自

然和社会持有某一共识观点的人都可拥有的经验与现实。它包括所有的可被感官感知的，或是可用物理学、生物学、心理学和社会学的力量和作用解释的事件与实体；"内在历史"（internal history）是指仅仅能够通过某个群体的特殊经验或是通过自己的实际生活就可拥有的那些经验和现实。这些现实包括形而上之统一、伦理学之价值、精神之涵义和个体之偶然性。所有这些既可以通过个体交流来揭示，也可依靠该群体特有的语言与逻辑来解释。"内在历史"与"外在历史"的区分表明，H. R.尼布尔坚信在不同方面，从不同立场处可以看到同种历史的现实，它表明了启示的历史轨迹。在启示与历史的传承中，他不把主观历史作为沟通过去的启示性事件与现在的启示性经验的桥梁，认为通过重构文化的、地理的、经济的和政治中的因果关系，历史研究就可以用来解释历史事件的外在意义。通过描述事件在人类群体与社会中表现出的特定的潜力与倾向，可以描述出事件的未知部分。

针对如何侍奉上帝这个问题，H. R.尼布尔在启示与信仰关系的论述中，把信仰定义成一个"信任 - 忠实"（trust - loyalty）关系的一个三元结构（triadic structure）：自我、他人和原因（the self, the other, and the cause），并用这个结构来说明人对上帝的侍奉。这三个概念自我、他人和原因都被包含在信仰之现象里，但是处于中心的、决定性的因素是"原因"，这一信仰之三元结构的决定性因素决定了三元结构要素之间的内部关系的质量与范围。简言之，因为人们都生活在对某个神的信仰里，所以人类生命的所有思想、情感和生产活动的表达都有其宗教基础。在H. R.尼布尔的信仰的三元结构里，他要揭示的中心就是对耶稣基督的彻底信仰，倡导人们通过对耶稣基督的彻底信仰而达到对上帝的侍奉。具体地说，人类生命和人类信仰恒为一个自我、邻人和上帝之间的相互关系，其中上帝是预设的，也是原动力。在这个动态的三元结构里，H. R. 尼布尔解释了耶稣在上帝和每个邻人那里的作为，这些作为都是耶稣对上帝和每个邻人的忠实性的反映。从这个预设和反应的结构里，可以说耶稣基督是真实人性和真实神性的中保。

最后，本书对 H. R. 尼布尔神学思想的体系进行了整理，主要把他的思想概括为基础神学、环境神学和叙事神学三个系统，并针对当代神学发展所面临的新境况和新问题，提出了 H. R. 尼布尔神学思想的当代价值：（1）神学和伦理学价值；（2）对基础神学的贡献；（3）对叙事神学的贡献；（4）对环境神学的贡献。

伦理学思想部分的主要内容则是：作为美国新正统派神学缔造者核心之一的 H. R. 尼布尔，主要从讨论基督教的人生观、历史观和伦理观入手来展开了自己的伦理学思想体系，概括来说H. R. 尼布尔的伦理学思想具有如下三个基本特征：

第一，从人类中心主义立场出发宣扬一种"神学人类学"。H. R. 尼布尔十分强调从神学角度对人的道德和伦理进行反思的价值和作用，通过对这种反思的强调，来修正人们对神学所造成的价值曲解。对于 H. R. 尼布尔来说，神学的价值正是在于不可避免地对所有反思的条件进行研究，并用这些条件来说明一定的历史和宗教产生的背景及原因。因为信仰包含着知识，神学观点的形成必须按照一定的科学方法、历史方法和哲学方法去研究，并与我们所了解到的关于我们自己和我们所处的世界的知识相一致。

同时，因为信仰包含着行动，伦理学的观点必须说明如何使具有一定特色的政治和经济、个人和社会的需求等等与人的道德行为相一致。这种价值就像人们在过去重视为人诚实和在未来注重道德责任一样重要。因此我们必须注重研究和调查神学的当代价值和当代人们的伦理状况。

第二，以人类历史为背景来分析人的历史命运。对 H. R. 尼布尔来说，伦理学是人们在寻求自我认识问题的答案和道德生活的实践指南时的一种反思和考察的思想成果。像所有的反思结果一样，伦理学不会随便制造它所研究的现象。但是，它希望通过澄清或改变人们已有的道德观念来不断改变它的研究内容。H. R. 尼布尔提出了用伦理反思促进道德整合和伦理学改革的观念。对此他说，他不会扔给人们一个小册子，在上面写上详细的道德规范和一些用以针对性解决典型道德事件的道德标准，也不会制订正式的或者理想的法律条文并希望用这些条文来决定道德的方方面面。他所关注的是道德神学家或道德哲学家所重视的规律及其应用，他的任务是把那些存在于群体道德生活中的潜在情感和基本特征揭示出来。只有当普遍的道德规范广泛地被人掌握的时候，彻底的道德行为才能完全地形成。

第三，H. R. 尼布尔提出了彻底信仰的责任伦理学思想。他认为，上帝的启示所发生的地点，恰好就在这种"内在历史"之中。人们应把启示视为"我们内在生活的历史"。我们必须在人类个体的信仰中窥测历史的意义，而不能囿于人与抽象宇宙客体相关联的、毫无人格特色的"外在历史"。新正统派神学不否认人类历史的价值和意义，但只有当信仰上帝是历史的主宰时才能达到历史与启示的真正统一、也只有当历史与启示真正统一的时候，人才能有负责任的道德行为。他认为，虽然历史在新正统派神学家看来充满着罪恶，人类不可能自我救赎，不可能在历史中做历史命运的主人，但他强调只要人类以信仰的勇气突破历史对人的局限，就能够揭示历史的意义，在人类历史的进程中逐渐地去认识上帝的秩序，并从上帝的秩序中把握人的道德责任。具体而言，只有通过"基督的生、死和复活"这一历史事件，人们才能领悟到历史的意义而揭示出人生的道德真谛。这样，H. R. 尼布尔的伦理学就把人类历史观和历史哲学放到了神学信仰的范畴之中。当 H. R. 尼布尔用内在历史和外在历史的形式分析他关于自然信仰和彻底信仰的具体讨论时，他关于责任伦理学的内容和观点才变得清晰起来。

　　从存在论上讲，外在历史与内在历史的差别，区分了现实普通事件的启示和宗教事件的启示的区别。但是这两种启示的统一正是基于一个三元结构，即一个能够表达"信仰体现在所有认识和认识活动中"的人神关系的结构。因此 H. R. 尼布尔把信仰定位在自我、上帝和他人的关系之中。从认识论上讲，外在历史和内在历史对看清历史的内外统一有着不同点，但是这些不一致的方面总是通过历史性的范畴和人的领悟而达到统一的。彻底信仰的范畴会使人们对一个启示性事件产生记忆并创造出延续的社会。因此，H. R. 尼布尔把彻底信仰对上帝、他人、自我的理解的基础放在了历史性社会里（包括过去的和现在的），由此才能理解这种相互关系。

　　从救赎论上说，外在历史和内在历史的区别解释了为什么可以证实或是否定历史上的启示。历史的启示只有在彻底信仰的范畴中和同伴那里才是可以领悟的，因此，H. R. 尼布尔把自我、他人和上帝之间的彻底信仰的和解的基础放在耶稣基督的历史性事件里，由此这个相互关系才可确立。

总之，美国新正统派神学，以其神学为政治服务、宗教起世俗作用的实用理论赢得了广泛的市场，曾对美国社会的政治、经济和文化等方面产生过深刻的影响。这种思潮波及整个西方基督教世界，从第二次世界大战到 20 世纪 70 年代初为其鼎盛时期，至今仍然具有影响。

当代基督教思想是一个十分壮观的复杂体系，在缺乏占主要地位的神学思想家和处于领导地位的思想体系的情况下，一种新的史无前例的多元主义的方法被社会被运用到了理解基督教信仰的研究之中。在这种神学发展杂乱无章且有可能过度分化的情况下，本书从 H. R. 尼布尔的神学思想中提出了神学发展的三个趋势：基督教信仰发展的形而上学趋势、基督教信仰生存的语言学理解趋势和基督教文化的未来趋势，尽可能用较为清晰的逻辑结构来展现 H. R. 尼布尔神学与伦理学思想的体系化特征。

随着"上帝之死争辩"的发生，引发了激进世俗神学关于在这个世俗化和相对主义世界中基督教是否有可能在没有上帝的情况下存在、基督教徒们是否有可能用一种完全世俗化的观点和相对主义的方法来认识上帝等等问题。当公众的狂热从这场风暴中渐渐退去的时候，关于在世俗化和相对主义中上帝存在与否的问题并没有任何答案。

处在当时时代的背景中，H. R. 尼布尔看清了在现代人的生活中世俗化和相对主义的普遍存在。更为重要的是，他是一个把这种普遍存在的敏感性变作神学和伦理反思的神学思想家。他提出了"神学世俗化和相对主义使传统基督教信仰中的超自然主义和独裁主义不再为人们所信仰"的观点，他坚持认为世俗化和相对主义的过程与上帝的彻底权力和普遍性是相互协调的。在事物中普遍存在的上帝，尽管不被任何事物包含但却可以通过世俗的方式和忏悔的方法被人感知和服侍。一个具有创造化身和打破偶像崇拜的上帝，不仅允许而且要求人们以完全世俗化和相对性的生存方式来生存。

　　H. R. 尼布尔解决信仰问题的方法最为明显的特点是强调了上帝的彻底超越，并用世俗化和相对主义方式来重新解释信仰的行为。他对此提出了一个新模式，这一模式是：无所不在的神圣的上帝被重新认识和侍奉在"深层的纬度中，在人意识的觉悟中，在具有象征性的人类姿态中"。H. R. 尼布尔断言，上帝出现在人的生活中并使他的权力运行在人类生活方方面面。但他更强调上帝的超在性，认为只有彻底地超越然而又普遍地与这个世界发生联系的上帝才能维系存在的价值和事物的丰富性。对于 H. R. 尼布尔来说，彻底超越的上帝是与经验相关的上帝。

　　H. R. 尼布尔提出了极具特色的神学和伦理学，它们把当代社会意识和历史上基督教的上帝问题用批判的方法建设性地关联在了一起，显示出了他对基督教神学中未决的上帝问题的独到见解。他的神学和伦理学思想是当代基督教思想研究的重要参考资料，他提出的责任伦理学成了现代伦理学研究的思想性借鉴。

目　录
CONTENTS

第一章

H. R. 尼布尔思想的时代背景

第一节　H. R. 尼布尔思想的时代背景

一、第二次世界大战前后新教神学的状况

本书的研究对象是 H. R. 尼布尔的神学和伦理学思想。因为他是美国新正统神学的主要代表人物之一，所以本章的研究就从简要回顾新正统神学来谈起。

从 19 世纪末到 20 世纪初，对西方影响最大的神学思潮是自由派神学。这种神学乐观自信地认为人能够把握自己的命运和世界历史的进程。在政治上，它宣称通过社会改善、理性教育和消灭不义，上帝之国就能在世上建立。在思想上，它否定传统教义中的宇宙观和形而上学体系，相信理性的权威和能力，主张基督教信仰要与现代科学和哲学的发展相适应。在伦理上，它声称基督教的本质是对上帝的寄托，认为耶稣基督由于体现出了上帝的父爱因而构成了信仰的核心。自由派神学认为，《圣经》中体现的耶稣的教诲在现代文明社会中仍然起着作用，只

要人们通过新的科学、哲学、历史和道德真理将传统信仰加以扬弃和改造，并按照其内心所体验的至善和至爱来作为现代生活的指南、遵循历史的发展，就能够确知上帝而获得永福。自由派神学的理论因为与当时资本主义世界表现出的歌舞升平的景象融为了一体，在第一次世界大战前风靡欧美。欧洲自由派神学的主要代表人物是德国新教神学家里奇耳（Albrecht Ritschl，1822－1889）和哈纳克（Adolf von Harnach，1851－1930）。第一次世界大战以后，自由派神学在美国得以继续发展，其主要代表人物是史密斯（Gerald Birney Smith，1868－1929）、马修斯（Shailer Mathews，1863－1941）、魏曼（Henry Nelson Wieman，1884－1975）以及麦金托什（Douglas Clyde Macintosh，1877－1948）①。

　　20 世纪 20 年代前后，由于第一次世界大战所造成的破坏和经济萧条，使西方人的乐观情绪一扫而光，人们的信仰开始发生了动摇。与此同时，欧洲和北美的神学家们开始冷静地思考社会现实，重新检验自由主义神学思想的现实指导性，在此基础上，出现了新正统派神学。新正统派神学的特点是，用"正统"的神学语言解释教义，并继承了一些自由派神学的现实主义思想，故称为新正统派神学。新正统派神学的核心思想并非是回归到传统的神学上，实际上是自由主义神学中出现的新运动，是自由主义神学内部的改革。新正统派神学强调应该继承以前的神学曾重点讨论过的上帝与人、启示与真理、信仰与文化之间的关系之观点，虽然它批判了自由主义的某些观点，欣赏使用一些前自由主义神学的概念，但它又吸收了《圣经》考据学的思想成果和社会伦理学的观点，故称为"自由派神学"②。

---

　　① 于　可：《当代基督新教》，北京：东方出版社，1997 年版，第 20－25 页。
　　② 于　可：《当代基督新教》，北京：东方出版社，1997 年版，第 25－55 页。

第二次世界大战的爆发，使西方基督教信仰再次面临严峻的考验。在这一震撼整个人类的战争风云中，欧洲思想家首当其冲，他们必须在无法回避的现实面前做出自己的抉择。于是，基督教思想界也产生了分化和巨变；有人落伍并屈服于法西斯主义的淫威，从而遭到历史的淘汰和唾弃；也有人顽强反抗、积极探索、不顾生死地进行英勇斗争，从而获得了世人的爱戴和敬仰。

正是在这一社会形势下，新教神学家们开始了对新教宗教传统和思想理论的积极而又深刻的反思，提出了基督教未来发展的种种设想。充满现实主义色彩的新正统派神学的代表者们用"原罪论"来解释世界的动荡，试图以现实主义的神学原理来力挽狂澜，稳定人们的宗教信仰，重新树立起一度失去的宗教的权威。对现实人生和整个存在的反思，也使存在主义哲学与基督教神学有机地进行了结合。正是出于独特历史时期的需求和选择，才使第二次世界大战前后产生出许多影响着后来整个世纪的基督教神学流派和著名的神学思想家。

在美国新正统派神学的兴起中，莱茵霍尔德·尼布尔（Reinhold Niebuhr，1892－1971，以下简称 R. 尼布尔）和 H. R. 尼布尔（H. Richard. Niebuhr，1894－1962，以下简称 H. R. 尼布尔）的神学思想起了决定性的作用，也就是说美国的新正统神学主要以 R. 尼布尔和 H. R. 尼布尔为主要代表。新正统神学中的诸种神学学说之间相互影响，密切关联。其共同特征是：

1. 强调圣经的权威性。新正统神学不仅强调上帝过去的启示，而且还强调启示预示着未来。新正统神学主张吸收圣经考据学的成果，不拘泥圣经个别文句的表面含义，因为圣经也是人类所写的文献，但圣经的权威性是必须坚持的。

2. 强调上帝的启示、主权及超验性、人的原罪与局限性，并以此解释现实社会的动荡、争夺和混乱现象，以及这些现象在人们思想上引起的困惑。它认为，自由主义神学过分强调了人性和人的自治，而忽略对自在永在的上帝的依赖，信仰的中心应该是基督而非人性。

3. 既强调"末世论"、人类被最终拯救，又重视对社会福音和对社会制度、社会问题的研究，关心社会伦理状况的改善，将基督教的最终目标与社会现实结合在一起。

总体上来看，新正统派神学认为，神学与当代社会问题密切相关。因此，它坚持用古典基督教的正统教义和宗教改革思想遗产中关于人与历史的现实主义观点来校正自由派神学，并对此加以理论更新和纯化。这样，它既要避免乐观主义的空想，又要防止悲观主义的幻灭。为此，它号召人们重新认识基督教《圣经》，思考《圣经》上帝观念中真正神学意义，用"原罪观"来剖析人世，靠"末世论"来获得信心。

二、美国新正统派神学的代表人物

具有强烈现实主义特色的美国新正统派神学在美国形成的标志为1932 年 R.尼布尔的《讲求道德的人与无道德的社会》一书的出版。美国新正统派神学的其他重要神学家还有潘·都生（Henry P·van Duesen，1897－1975），他著有《这个时代中的上帝》（1935），《生活的意义》（1951）和《希望的伟大基础》（1961）等，霍顿（Water Marshall Horton，1895－1966），著有《现实主义神学》（1934）等，贝内特（John C·Bennett，1902－1975），著有《基督教现实主义》（1941）等，以及卡尔霍恩（Robert L·Calhoun，1896－1983）等人。

R.尼布尔 1892 年出生于美国的密苏里州，1910 年毕业于伊利诺伊州的埃耳姆赫斯特学院，1913 年进入耶鲁大学神学院，1914 年获神学学士、1915 年文学硕士学位，后被伊登神学院、耶鲁大学、牛津大学、哈佛大学等十几所大学授予神学博士学位。1915 年至 1928 年，任底特律贝瑟尔福音教会牧师，1928 年到纽约协和神学院任宗教哲学系副教授，1930 年起担任应用基督教课程的教授。20 年代初参加美国社会党，30 年代曾任该党领袖，主编过《明日世界》，1940 年退出该党。1935 年，曾参加创建美国社会主义者基督徒团契，担任团契季刊《彻底的宗教》（后更名为《基督教与社会》）的主编，1941 年任《基督教与危机》双周刊主编，1944 年任纽约州自由党副主席，1960 年从纽约协和神学院退休，1971 年逝世。其主要著作有：《文明是否需要宗教》（1927）、《讲求道德的人与无道德的社会》（1932）、《对基督教伦理的解释》（1935）、《基督教与强权政治》（1940）、《人的本性与命运》（2 卷本，1941－1943）、《信仰与历史》（1949）、《基督教现实主义与政治问题》（1953）、《自我与历史的戏剧》（1955）等。

H. R. 尼布尔有 18 本专著和近百篇论文，其中不包括他从 1931 年到 1959 年间发表的近百篇书评。这些思想成果为他赢得了美国基督教思想史上的显赫地位，他的研究涉猎社会学、宗教哲学、神学、伦理学和美国宗教史。H. R. 尼布尔生于 1894 年，死于 1962 年，作为 20 世纪美国新正统派神学家和牧师，由于他对基督教伦理学的贡献、对美国宗派主义的分析、对美国宗教历史的理解、对美国神学教育的研究的巨大贡献和对上帝中心主义神学的发展而闻名遐迩。他的主要著作包括：1929 年的《宗派主义的社会根源》、1937 年的《美国的上帝之国》、1941 年的《救赎的含义》、1956 年的《教会和牧师的目的》、1951 年的《基督与文化》、1960 年的《彻底的一神论和西方文化》、1962 年的《负责任的自我》、1989 年后人整理出版的《地球的信仰——人类信仰的结构探究》等。

三、H. R. 尼布尔神学与伦理学思想的特征

以 H. R. 尼布尔为核心人物之一的美国新正统派神学主要从讨论基督教的人生观、历史观和伦理观入手来展开自己的思想体系，概括来说他的这一思想体系具有如下五个基本特征：

（1）以人类为中心宣扬一种"神学人类学"。H. R. 尼布尔从基督论出发，他十分强调神学和伦理反思的价值和作用，通过对这种反思的强调，使人们对神学价值的曲解的观点进行修正。对于 H. R. 尼布尔来说，神学的价值正是在于不可避免地对所有反思的条件进行研究，用这些条件来说明一定的历史和宗教产生的背景及原因。因为信仰包含着知识，神学观点的形成必须按照一定的科学方法、历史方法和哲学方法去研究并与我们所了解到的关于我们自己和我们所处的世界的知识相一致。同时，信仰包含着行动，伦理学的观点必须说明如何使具有一定特色的政治和经济结构、自然和技术资源、个人和社会的需求等等与人的道德的行动相一致。如此的当代价值和人们在过去重视诚实和在未来注重责任一样重要，因此我们必须注重研究和调查神学的当代价值和当代人们的伦理状况，并以此建立对上帝的彻底信仰。

（2）以历史为背景，借此来分析人的历史命运。H. R. 尼布尔反复强调人在历史中、在世界进程中和在时间中的地位及其局限性。他把《圣经》中预言性、历史性的描写当作衡量人类历史的标尺，认为它能"给予一种比科学家和哲学家的一切智慧见解都更为真实的看法"①，坚持只有在这种预言性和历史性的环境中才能理解人类的自我。对 H. R.

---

① Agnes Heller, *A Theology of History*, London：Routledge & Kegan Paul Ltd. , 1982. Alister E. McGrath, *Christian Theology*, Oxford：Blackwell Publishers, 1997. P99

尼布尔来说，神学和伦理学是人在寻求自我认识和道德生活的实践指南时的一种反思和考察的思维成果①。像所有反思的结果一样，伦理学不会制造它所研究的现象。但是，它希望通过澄清或改变人们已有的道德观念来改变伦理学的研究内容。H.R.尼布尔提出了用伦理反思促进道德整合以及伦理学改革的观念，他不会扔给人们一个小册子，在上面写上详细的道德规范和一些约束典型事件的目标，也不会制订出正式的或者理想的法律条文，并希望用这些条文来规定道德的方方面面。他所关注的是道德神学家或道德哲学家所重视的规律及其应用。他的任务是把那些群体道德生活中的潜在情感和基本特征揭示出来。只有当道德规范广泛地告为人知之时，道德行为才能完全地形成。作为神学与伦理学家，H.R.尼布尔的任务旨在领会道德行为的所有背景，而不是把道德结果的每个细节都搞清楚，这样才能从根本上寻找到人改变自我历史命运的方法。

（3）H.R.尼布尔提出了用"内在历史"与"外在历史"的概念理解启示的思想。他认为，上帝启示所发生的地点，恰好就在这种"内在历史"（指能够仅仅通过参与某个特殊群体的模拟的或是用实际的生活才可理解的那些经验和现实）之中。因此，人们应把启示视为"我们内在生活的历史"，从而在人类个体的信仰中窥测历史的意义，不能囿于人与抽象宇宙客体相关联的、毫无人格特色的"外在历史"（指只要具有相同文化背景或是对自然和社会持有某一共识的人都可拥有的经验与现实）。他的神学不否认人类历史的价值和意义，但认为只有信仰上帝是历史的主宰才能达到历史与启示的真正统一。虽然，历史在新正

---

① Niebuhr. "*Evangelical and Protestant Ethics*," P. 220; *Radical Monotheism*, PP. 31—37, 112—13; "*Responsibility of the Church for Society*." PP. 117 – 118.

统派神学家看来充满罪恶，不可能有自我救赎的作用，人类也不可能在历史中做历史命运的主人，但它强调只要人类在历史的特定时刻以超越历史的方式去采取行动，即以信仰的勇气突破历史的局限，就能够揭示历史的意义，并在历史进程中去窥探上帝的秩序。具体而言，只有通过"基督的生、死和复活"这一历史事件，人们才能领悟到历史的意义而揭示出人生的真谛。这样，新正统派神学就把人类历史观和历史哲学放到了神学信仰的范畴之中。当 H. R. 尼布尔用内在历史和外在历史的形式分析他关于自然信仰和彻底信仰问题的具体讨论时，他关于启示神学的内容和观点就变得清晰起来。

从存在论上讲，外在历史与内在历史的差别，确立了作为现实的普通事件和宗教事件的启示。但是二者统一的具体形式是基于信仰体现在所有认识结果和认识活动中的神人关系的三元结构。因此 H. R. 尼布尔把信仰定位在历史现象中自我、上帝和他人的相互关系之中，这种相互关系即是体现在这个历史现象里的言语和行为。

从认识论上讲，外在历史和内在历史对看清二者的统一有着不同点，但是这些不一致的方面总是通过历史性的范畴和人们的领悟而达到统一的。彻底信仰的范畴会使人们对一个启示性事件产生记忆并创造出延续的社会。因此，H. R. 尼布尔把彻底信仰对上帝、他人、自我理解的基础放在了历史性社会里（包括过去的和现在的），由此才能理解这种相互关系。

从救世神学上说，外在历史和内在历史的区别解释了为什么可以证实或是否定历史上的启示。历史的启示只有在彻底信仰的范畴中和同伴那里才是可以领悟的。但是这个认知的立场和社会的立场对人来说不是一个可能性的普遍结构。因此，H. R. 尼布尔把自我、他人和上帝之间的彻底信仰的和解基础放在耶稣基督的历史性事件里，由此这个相互关系才可确立①。

（4）以"现实"为基础，他的神学出发点是对人的现实社会性和社会动乱性进行分析，从负责任与否的角度来解说人的道德和正义。

（5）以"实用"为目的。传统宗教信仰及其意识形态过于倾向那些形而上学的清谈，而对现实中的实际问题，要么熟视无睹，要么避而远之。为此，H. R. 尼布尔强调基督教教会在现实中的责任和作用。他认为，西方文明是世界动乱的中心和根源，是现代正在见证和参与这种文明衰败和社会混乱的根源。面对这种混乱和动荡，无论自然科学家和社会科学家都承认，他们从物理上、生理上、心理上和社会上都不能解答人的真正本性和人的确实未来，其结果使现代人感到迷茫和恐慌。所以，他强调基督教神学的实用价值，号召基督徒们和神学家们鼓足勇气，在现实生活中和时代精神中了解并宣扬上帝的本质、意志及其审判和恩典的行动，借以揭示上帝的秩序。在他看来，目前基督教教会的首要任务是"解释世界正在经历的悲哀和惨景、痛苦和创伤，并认识到它们之中有上帝的插手"。② 也就是说，在这种世界性的剧痛中，在人类文明和帝国的衰败中，在对人类历史传统的巨大震动中，存在着上帝

---

① Joseph Fletcher, *Moral Responsibility* (Philadelphia: The Westminster Press, 1967); Thomas Wogletree, "*From Anxiety to Responsibility*, " The Chicago Theological Seminary Register 43 (1968); Kenneth Boulding, "*The Principle of Personal Responsibility*, *Beyond Economics* (Ann Arbor: The University of Michigan Prese, 1968): Robert O. Johann, S. J. , "*Authority and Responsibility' s Freedom and Man*, ed. John Courtney, S. J. (New York: P. J. Kenedy and sons 1967); Albert R. Jonson, *Responsibility in Modern Religious Ethics* (Washington, D. C. : Corpus Books, 1968); Eric Mount, Jr. , *Conscience and Responsibility* (Richmond: John Knox Press. 1969): C. Freeman Sleeper, *Black Power and Christian Responsibility* (Nashville: Abingdon Press, 1969); James Gustafson, "*Christian Ethics and Social Policy*," PP. 110 – 129 in *Faith and Ethics*, PP. 200—214.

② 莱茵霍尔德. 尼布尔:《人的动乱与上帝的计划》第三卷，纽约，1948 年版，第 24 页（转引处：于可:《当代基督新教》，北京:东方出版社，1997 年版，第 25 页。）

对世人罪恶的审判。而且上帝的审判既是对国家政治和经济制度的审判，也是对宗教制度和宗教传统的审判。因而他号召信徒们努力改革和重建其历史责任，认识到在社会邪恶中并不存在某种历史的最终救赎，以此来制止心中滋生的骄傲和自满，在审判中静候上帝的恩典流入自己的心田。

另外，H.R.尼布尔认为教会还必须设法向世界转达这种对人世间悲剧的解释和寻找出路的希望。教会一方面要认识到自身内部的动乱，另一方面仍须担负起自己的责任，以便能从上帝那获得新生和真正的统一，重新执行起自己的神圣使命。这既是上帝的计划，也是上帝对现实动乱中教会和信徒的起码要求。H.R.尼布尔这种"实用"主义的说教，虽然引起了教会内部一些人的不满和指责，但也促使教会改变过去对世俗生活武断干涉或是漠不关心的极端态度。从而采取灵活的手段与各种宗教和思想流派展开"对话"，加入社会政治、经济和文化生活，为宗教的发展获取新的可能性。

四、国内外研究现状以及本研究的突破之处

时至当代，思想家们对 R.尼布尔和 H.R.尼布尔的神学思想一直在进行着关注，在国内不少学者正在深入研究着 R.尼布尔的思想。从 20 世纪 40 年代至今，学者们就围绕 R.尼布尔和他的思想发表了许多研究作品，或者在其著作中不断地提到了他们的思想。其中影响较大的有刘小枫著《走向十字架上的真理：20 世纪神学引论》、何光沪著《多元化的上帝观——20 世纪西方宗教哲学概览》、张志刚著《猫头鹰与上帝的对话——基督教哲学问题举要》和《理性的彷徨——现代西方宗教哲学理性观比较》，以及卓新平著《尼布尔》《当代西方新教神学》《当代基督新教》和《当代西方天主教神学》等。在现在的汉语基督教学

界，不断有介绍他们思想的文章被发表。比如华东师范大学的刘时工教授发表了《道德的个人与邪恶的群体——尼布尔对个人道德和群体道德的区分》一文①；吴东日发表了《爱与公正、道德——浅析莱因霍尔德·尼布尔的基督教伦理思想》一文②；香港浸会大学宗教哲学系的欧阳肃通发表了《美国基督教界的"守派之父"尼布尔的复活》一文③；顾铁军发表了《作为人类理想象征的基督》一文④等。但人们对 H. R. 尼布尔的思想体系较为全面而具体的介绍却很少，除了他的《基督与文化》一书被东南亚神学院的赖英泽于 1992 年翻译成中文并出版，他的其他著作却只是在美国和欧洲国家得到重视和研究，这一点从尼布尔发表的 18 本专著和近百篇论文所涉及的出版社及杂志可见一斑。另外从美国互联网上，也可以看到他们的书籍在到处出售，相关的文章也在出现（关于这部分内容，准备以后继续研究）。但在上述作品中，除了顾铁军发表的《作为人类理想象征的基督》一文和《基督与文化》一书之外，其他都是在围绕 R. 尼布尔的思想展开研究的。由此可以看出在汉语基督教学界对 H. R. 尼布尔思想的研究尚存在欠缺。

在美国，对 H. R. 尼布尔的研究也都集中在他去世后的 20 世纪 60 到 70 年代之间，其中最具有代表性的是西德尼·阿斯特罗姆（Sydney E. Ahlstrom，1902 – 1984，美国当代著名宗教思想家）发表了《H. R. 尼布尔在美国思想中的地位》一文（"H. Richard Niebuhr's Place in A-

---

① 刘时工，"道德的个人与邪恶的群体——尼布尔对个人道德和群体道德的区分"，上海：《华东师范大学学报（哲学社会科学版）》，2001 年 02 期。

② 吴东日，"爱与公正、道德——浅析莱因霍尔德．尼布尔的基督教伦理思想"，上海：《天风》，2005 年 01 期。

③ 欧阳肃通，"美国基督教界的'守派之父'尼布尔的复活"，北京：北京大学哲学系：《宗教学研究》，2004 年 04 期

④ 顾铁军，"作为人类理想象征的基督"，北京：《世界宗教文化》，2002 年 04 期。

merican Thought，" in Christianity and Crisis 23，1963）；詹姆士·傅勒（James W. Fowler，美国基督教心理学家与教育家）著有《H. R. 尼布尔的基督论和方法论》一书（"Christology and Methodology in H. Richard Niebuhr"，Duke University，1963.）；约翰·高德西（Godsey，John D.，1922 – ，美国卫理神学院教授）著有《H. R. 尼布尔的诺言》一书（The Promise of H. Richard Niebuhr. Philadelphia：J. B. Lippincott Co.，1970）；霍德梅克（Hoedemaker. L. A.）著有《H. R. 尼布尔的神学》一书（The Theology of H. Richard Niebuhr，Philadelphia：Pilgrim Press，1970）；霍尔布鲁克（Clyde A. Holbrook）发表了《H. R. 尼布尔》（"H. Richard Niebuhr."）一文（In A. Handbook of Christian Theologians，Edited by Martin E. Marty and Dean G. Peerman，Cleveland and New York：The World Publishing Co.，1965）；保罗·拉姆齐（Paul Ramsey）著有《信仰与伦理：H. R. 尼布尔的神学》一书（Faith and Ethics：The Theology of H. Richard Niebuhr，New York：Harper & Bros.，1957）；还有约瑟夫·弗莱切尔（Joseph Fletcher，1905 – 1991，美国已故的当代著名神学家和哲学家）于 1967 年出版了《道德的责任》一书（Moral Responsibility，Philadelphia：The Westminster Press，1967）① 等等。

作为美国新正统派神学思想的缔造者之一的神学家和伦理学家，H. R. 尼布尔的思想成果涉及了社会学、宗教哲学、神学、伦理学和美国宗教史等许多方面。更为重要的是，他创造性地综合了彻底的一神论与文化多元主义来解决人类现存的信仰问题，他与美国其他众多的思想家一道激发了人们积极探索信仰意义的研究动力，成为人们追求信仰意

---

① Godsey, John D., *The Promise of H. Richard Niebuhr*, Philadelphia：J. B. Lippincott Co.，1970. PP150 – 157

义的可能性向导。在信仰危机日渐加剧的当今时代，重新挖掘并研究他神学思想的内涵，对于寻找解决神学理论问题的途径以及寻找解决信仰危机的当代出路，或许能够给我们一些启发。从 H.R.尼布尔著作所表现出来的内容来看，他的神学思想留给当代信仰神学和伦理学问题的反思是：

1. 他提出的上帝的启示及超验性以及人的原罪与局限性可以被用来解释现实社会的信仰危机现象，引领人们走出这些现象在人们思想上所引起的困惑。H.R.尼布尔认为，现代人过分强调了人性和人的自治，忽略了对自在永在的上帝的依赖，信仰的中心应该是基督而不是某种人为的偶像。这对于打破偶像崇拜、走向信仰的统一具有启发性价值。

2. 他强调圣经的权威性。圣经的权威性在于它不仅是上帝过去的启示，而且还预示未来。但到底是什么内容能够预见未来，这个问题就需要当今的人们进行深入研究。

3. H.R.尼布尔十分重视人类的最终拯救，重视社会福音，重视对社会制度、社会问题等的研究，关心社会伦理状况的改善，他将基督教的最终目标与现实社会的人的需求结合在了一起。这对我们研究解决当代信仰危机的问题指出了一条可以借鉴的思路。

4. H.R.尼布尔提出的以上帝中心主义神学和伦理学，自始至终都把人类中心主义变换为独一的上帝是一切价值的仲裁的认识上来，无论是谈到启示、信仰还是谈及责任，他都把宇宙（普遍）群体的感觉与以上帝为中心的生活联系在一起："当我与那唯一的创造能力相联系的时候，我就把我的伙伴、人类、低于人类的、高于人类的都统统放进一个宇宙社会中，这个宇宙社会有它的中心，这一中心既不在我心中，也不在任何有限的原因中，而是在那个超验的独一之中。"① 这对于修正人类中心主义和摆正人与自然的关系有积极的指导意义。

在物质文明空前发达的今天，我们的生态环境和自然资源遭受到了最为严重的破坏。人类运用其智慧和科学技术对大自然进行了掠夺性开发和粗野性利用，使大自然支离破碎、扭曲变形，导致自然生态系统中各个成分之间的关系失调，扰乱了人类赖以生存的大气圈、生物圈、水资源圈和土壤圈原本有序的、和谐的良性循环机制。这种"靠自然生存又破坏自然的科学冲动"②，由于缺乏具有深远预见性的和谐思想和协调并举的方法论基础，造成了严重恶果。这说明，人类的科学实践活动一方面拓展了人们的生存空间，推动了社会的发展进步，但另一方面也受人类利益的动机驱使破坏了自然本身的有序性，走向了不得不自我缩小、限制实践活动范围的广度与深度的畸形发展路。根本上来说，导致这种发展的思想根源在于，对生命意义的偏解，对科学任务的偏执，对精神生活的偏见。

因此，把 H. R. 尼布尔作为本书的选题对象正是基于上述四点考虑而进行的。一方面，它可以填补汉语基督教学界对 H. R. 尼布尔思想内容没有系统介绍过的空白；另一方面，可以从他的思想中进行深入挖掘，以便对当今时代信仰危机情况下出现的资源的、环境的、社会的和个人的种种问题提出一些有价值的思想素材和反思指导。

本书的立意是对 H. R. 尼布尔的神学思想进行概要的介绍性评估，即对 H. R. 尼布尔的神学思想和伦理学思想进行客观性描述。当然，从

---

① Niebuhr, *Responsible Self*, PP. 123 – 24; cf. *Meaning of Revelation*, P. 167.
② Ian G. Barbour, Earth Might Be Fair: *Reflections on Ethics*, *Religion and Ecology* (Engle-wood Cliffs: Prentice – Hall Inc., 1972); John B. Cobb, Jr., *Is It Too Late? A Theology of Ecology* (Beverly Hills: Bruce, 1972).

这一角度出发的含义在于对 H. R. 尼布尔作品本身的介绍，建立在对本书所掌握的 H. R. 尼布尔的全部作品资料进行概念性和系统性的概括上，以便不含有任何偏见。因为，重建一个思想家的神学思想体系，同思想家本人建立其思想体系时一样的复杂。每一个思想家在形成自己的思想体系之前，其作品总是不成系统的，想要高度概括出一个思想家的思想内涵，要求必须具备深邃的洞察力和敏锐的个人判断力。尽管如此，本书就采用解说性的方法来对 H. R. 尼布尔的思想结构和思想素材进行维持原貌的保真性梳理。

本书尽可能地忠实 H. R. 尼布尔的观点，这么做的目的就是为了明确地再现他的观点。在每章的最后，本书才从客观性描述转向了使用批评性评论的方式来分析 H. R. 尼布尔的思想内涵及其对神学和伦理学的贡献。这些分析可以为人们认识 H. R. 尼布尔神学思想以及伦理学思想的贡献提供一些参考性资料，但对这些问题的探究必须是简单的而且是客观明了的。本书仅仅希望 H. R. 尼布尔的神学贡献能够作为当代宗教思想的源泉之一被人重视，并为未来的神学思想研究提供思想性借鉴。

本书首次在汉语基督教学界系统地介绍了 H. R. 尼布尔的思想体系，从 H. R. 尼布尔的众多的著作中抽取概括出了一个关于他思想体系的基本框架，对于这一框架，本书采用介绍性的方法来对 H. R. 尼布尔的思想结构和思想素材进行梳理，指出了他对基础神学（Foundational Theology）、叙事神学（Narrative Theology）、环境神学（Environmental Theology）等的思想性贡献，并逐一加以介绍，进行理论概括和分析。同时，尽量揭示出 H. R. 尼布尔的神学思想中的上帝中心主义（Theocentrism）、相对主义（Relativism）、转化主义（Conversionism）观点中的缺陷，并提出了一些不成熟的看法。

五、本研究的逻辑布局

为了较为全面地介绍 H. R. 尼布尔的思想，本书采用了如下的逻辑结构：

首先是按照年代顺序逻辑来介绍他思想的形成背景。第一章介绍时代背景，第二章介绍 H. R. 尼布尔神学与伦理学思想的形成背景极其过程，重点讲 H. R. 尼布尔神学思想形成的历史背景，包括介绍他的家庭背景和他基督教信仰的生活背景以及基督教信仰对他成熟思想的影响及经历，论述了他从 1927 年到 1931 年的思想成果。

其次是按照内容分析逻辑来介绍他的神学思想部分。第三章介绍 H. R. 尼布尔的神学及伦理学思想概要，主要讲他的神学与伦理学之间的关系，拿他的话说是"自我、邻人与上帝"的关系。换言之，H. R. 尼布尔用自我、邻人与上帝的关系处理，将他的神学与伦理学扭结在了一起，这是他神学思想体系的中心和纲线，即其神学反思以伦理学反思为起点，伦理学反思以神学反思（theological and ethical reflection）为基础。

再次是按照内容布局不同对他伦理学思想进行介绍，即在第四章介绍 H. R. 尼布尔关于责任伦理的理论，重点论述道德行为的背景、责任的三大隐喻、责任的表现形式等问题。

最后是按照归纳、演绎逻辑在第五章对 H. R. 尼布尔神学思想的当代价值进行整理，主要把他的思想概括为极具特色的神学和伦理学、对基础神学的贡献、对叙事神学的贡献、对环境神学的贡献等内容，并对他的神学与伦理学思想进行了评价。

第二节　H. R. 尼布尔的主要著作介绍

考虑到 H. R. 尼布尔的神学与伦理学思想主要集中在下列几部重要著作中，本节在此对它们分别做概括性介绍，以便读者在了解 H. R. 尼布尔的思想之前，对他思想的主要内容有一个大概了解：

一、《美国的上帝之国》（The Kingdom of God in America，Chicago & New York：Clark & Co.，**1937**）①

在他的著作《美国的上帝之国》中，他采用了与常规角度相反的角度，概念性、因果性地描述了美国新教思想的发展。

H. R. 尼布尔神学的主题：上帝和我们自己。H. R. 尼布尔著作的中心主题是对于上帝和我们自己问题的虔诚性探究，他说："神学研究的整个中心永远是上帝面前的人类和人类面前的上帝"。像乔纳森·爱德华（Jonathan Edwards）这位他所敬仰的神学家一样，H. R. 尼布尔认为，只有在与上帝关联的荣耀中，人类才得以被理解，上帝与人类是一个永远不能避开的极性。

20 世纪 30 年代，H. R. 尼布尔就已经发出了他的神学改革呐喊，他开始认识到社会福音派过分关注人类在痛苦中的抗争而忽略了上帝。在他的《社会福音派中和巴特主义中的上帝之国及末世论》一文中，他认为卡尔·巴特恢复了历史中的上帝行动的优先地位。在他的几乎所有

---

①　H. Richard Niebuhr, *The Kingdom of God in America*, Chicago & New York：Clark & Co.，1937

著作中，H. R. 尼布尔都宣称：上帝是"事物的结构"、是命令我们互相作用的"创造性意志"，人类只是信仰的生物，凭着信仰人才得以和事物发生关联；人类的生活导源于对生活价值和生活意义的本质的充满热情的理解；无论我们是否认识到，我们永远和"创造性意志"及"上帝的创造活动"相关联。

这样的认识使 H. R. 尼布尔在这本书中，能够以对上帝至高无上的统治之崇高信仰来理解美国新教，这也使他强烈地批判在一定文化背景中教会陷入偶像崇拜的立场，这种偶像崇拜把人类的部分群体、部分活动和欲望当作偶像来崇拜。比如国家主义者崇拜一定群体中的国家，经济活动中的资本主义者崇拜资本主义，种族主义者崇拜种族主义，教会受到了这种社会性信仰的严重影响。他指出，教会摆脱偶像崇拜的根本出路在于突破文化限制，从而达到对上帝的真实理解，也只有确立对上帝的真实信仰，才能实现对现实生活的批判和信仰的重建。

二、《启示的意义》（The Meaning of Revelation，New York：The Macmillan Co.，1941）①

这本书最为重要的章节有两章，第一章，在启迪式、忏悔式和判断式地说明了 H. R. 尼布尔的神学主题和方法特征之后，紧接着总结了 19 世纪神学研究中的德国新教神学学术传统中的两个流派，继而以介绍卡尔·巴特和恩斯特·特勒尔奇而提出问题作为第一章的尾。第二章，尼布尔主要描述自己的神学研究方法——对系统神学内容做了进一步的发展，本章以总结 19 世纪和 20 世纪的神学成果作为结束。从一个忏悔

---

① Niebuhr, *Meaning of Revelation*, pp. 9 – 16；H. Richard Niebuhr, "*The Idea of Covenant and American Democracy*," Church History 23（1954）：129.

者的视角，H.R.尼布尔毫无掩饰地、机智地、毫无保留地对文化改革进行了呼吁。H.R.尼布尔是一个综合性神学家，不象他的哥哥R.尼布尔倾向于哲学成就并立足于路德神学，在他的早期神学研究中，他则更执迷于奥古斯丁和加尔文的研究方法和克尔凯郭尔、巴特、麦金托什的神学语言及伦理学语言方式，这些构成了他早期的神学思想，他同时也深受恩斯特·特勒尔奇所代表的德国自由主义传统的影响。

在《启示的意义》中，H.R.尼布尔把人类生活的正反情感的并存当作人的信仰特质——即宗教的种子。他认为：“启示既不是人类自然信仰的发展，也不是人类自然信仰的消失，通过耶稣基督我们进行着转化和改革”①，这就是为什么圣经文本不可或缺的原因。上帝通过以色列人的故事使耶稣基督显露在世人面前，随着这些故事变成我们自己的信仰，我们才能在我们生活的拼争中以这个真实的方向为奉献目标，进而对我们的身份和实际立场进行批判和重建。对上帝的揭示能改变我们的狭隘的信仰，改变我们对神的恩典、全能和至善的理解。然而，我们一般往往从神的超然性上寻找证据来证明我们的信仰，即我们在世界上寻找至高无上的无限权威，但事实上，这种至高无上的无限权威只有在耶稣基督的上帝中才存在。因此，“启示意味着对人类权威思想和权威政治的改革”②，我们在寻找一种能够保护我们自己的善的至善，这种至善只有在倾其一切而为他人的耶稣基督中才存在。这就是为什么我们的理性只有当遇到耶稣中的上帝才称其为新的开始的原因。

---

① Niebuhr, *Meaning of Revelation*, PP.74－76.

② Niebuhr, *Meaning of Revelation*, P.21.

三、《基督与文化》（Christ and Culture，New York：Harper & Brothers，1951）

他最为著名的论著是《基督与文化》①，在这本书中他认为通过把存在于文化整体中的可证明因素、在部分（基督）与整体（文化）中或者在基督教群体与广布在人类文化整体的非基督教群体中，去选择它们之间的对话，就完全可能探明基督教与人类信仰和人类伦理的关系。他着重讲述了基督教与人类信仰和人类伦理之间的关系。他对文化的定义是：包含文化自身及其与耶稣基督信仰者的对话的所有现实性。H. R. 尼布尔指出，基督教在五个方面与文化社会发生着现代的关联。

为了指引伦理学和神学在"教会与世界"这个议题上有许多可能性和选择性，H. R. 尼布尔提出了类型学（Typology）的研究方法，这种方法如同一张立体展示的图景使他展开了他的论述。H. R. 尼布尔认为文化的价值在基督教信徒们所居住的世界中已自成一套系统，信徒是"城市居民"也是"上帝之国"的居民，这两种身份促使教会与社会的关联成为可能。这个问题主要说明基督徒如何一方面又要忠诚于其居民身份所应该效忠的国家政府体制，另一方面要忠诚于其所信仰的上帝。H. R. 尼布尔认为，历史发展中的基督教，对于上述什么是最合宜的关系这个问题，至少有五种不同方式的回答，它们都介于忠于上帝及忠于自己所属文化的问题之中。前两个回答方式可界定为激进的对立（基督反抗文化）与极端的一致（基督属于文化）；第三种方式即一方面想维持基督与文化两大原则间的差异，另一方面又致力于协调此两大原则，比较接近去分别或肯定"基督"及"文化"的不同功用。

---

① H. R. 尼布尔：《基督与文化》，东南亚神学院协会出版社，赖英泽译，1992 年版，第 43 页。

具体来说这五种基本类型是：（1）拒绝类型（type of rejection）：基督反抗文化（Christ against Culture）①。（2）认同类型（type of identification）：基督属于文化（Christ of Culture）:②。（3）综合类型（type of synthesis）：基督优于文化（Christ above Culture）③。（4）二元论类型（type of dualism）：逆理中的基督与文化（Christ and Culture in paradox）④。（5）皈依类型（type of conversion）：基督是文化的改造者（Christ the Transformer）⑤。H.R.尼布尔虽以这五种不同的型态来陈述福音与文化的永久性的议题，但并这不意味着每一文化现象就单单属某一个类型。在基督神学领域内，此一议题一再被加添或修补，从近代拉丁美洲的解放神学或第三世界的脉络化神学运动来看，福音与文化的问题又多了一层改革的因素，这印证着，神学的活跃性是无法以某种类型学的形式所限定的。

四、《彻底的一神论和西方文化》（Radical Monotheism and Western Culture，New York：Harper，1960）

他坚持一种关于信仰、伦理和启示角色的转换主义：即用对上帝的信仰改变我们对多种文化和事业的信心与忠诚。他的这一思想在《彻

---

① H.R.尼布尔：《基督与文化》，东南亚神学院协会出版社，赖英泽译，1992 年版，第 58 页
② H.R.尼布尔：《基督与文化》，东南亚神学院协会出版社，赖英泽译，1992 年版，第 80 页
③ H.R.尼布尔：《基督与文化》，东南亚神学院协会出版社，赖英泽译，1992 年版，第 114 页
④ H.R.尼布尔：《基督与文化》，东南亚神学院协会出版社，赖英泽译，1992 年版，第 145 页
⑤ H.R.尼布尔：《基督与文化》，东南亚神学院协会出版社，赖英泽译，1992 年版，第 184 页

底的一神论和西方文化》一书中表达得淋漓尽致，H. R. 尼布尔写道：
人类的信仰有三种形态：一神论把有限的群体作为其价值中心，并依据
他们为群体目标服务的方式来重视人或事物；多神论据不同的境况而忠
于不同的事业，他们出于多种目的而重视人或事物；第三种信仰形态是
彻底的一神论，它诞生在以色列人和耶稣基督的信仰中，这种信仰把上
帝理解为创造者、存在的动力、救世主或价值的中心，因此，群体的道
德关注点不再是封闭的社会或有限的群体，而是人类整体，上帝和所有
存在的关系是契约责任。

　　彻底信仰与其他信仰相冲突。比如，在政治上，一神论者用人们对
某一国家和种族的忠诚来评判人，根据人们对知识、经济生产或对艺术
的贡献差异来评估人；但是，彻底的一神论者坚持用平等原则来评判
人，因为所有人都与普遍的价值中心相关联。从这一点上讲，无论何
时，只要政治袒护较小的奉献者或者社会的公正被滥用，不公正和压迫
就会应运而生。

　　彻底的一神论者保护人们通过对教会群体及教堂器具的忠贞而表现
出对上帝的忠诚。在《教会的职责及其牧师》一文中，H. R. 尼布尔主
张：以彻底信仰的名誉，基督教徒们应该反对狭隘的醇饼中心、圣经中
心、甚至以基督教义为中心的忠诚。他在死后出版的《地球上的信仰：
对人类信仰结构的探究》一书中指出："信仰的问题出现在生活的每个
方面。"

五、《负责任的自我》（The Responsible Self, New York: Harper & Row, 1963）

　　在《负责任的自我》中，H. R. 尼布尔勾画出了一个作为人类信仰
的伦理代理者，这个代理者根据自己经历的行为冲击，对信仰做出了不

同的反应。人们会根据整体交互作用的不同感觉并对不同的环境做出不同的反应。比如，当国家主义的义务占据上风时，我们就会想象到我们自己处在与国家的交互作用中，并与其他忠诚者一起置身于国家事业之中。彻底信仰来自彻底的洞察力：人类的行为只是人类的社会总体对上帝先在行动的反应或回应。我们全部的环境和交互作用，可以被理解为是不断的威胁、不可避免的堕落、腐朽和死亡。事实上，我们经常厌恶敌人而且常常被敌人所包围，但当我们置身于耶稣基督之中后，我们就开始理解，我们所处的情形是普遍历史中上帝的行动的一部分，而上帝的行动正是通过毁灭使我们重塑信仰和得以重生。十字架事件和复活以及审判和赎罪向人们提供了自我责任的伦理道德，而不是自我保护、自我维持、自我生存的伦理道德。

六、《神学、历史和文化》（Theology, History, and Culture, edited by William Stacy Johnson, London: Yale University Press, **1996**）

在 H.R.尼布尔的《神学、历史和文化》中，他详尽地描述了神学、历史和文化的关系。在神学部分中，他指出，自由主义对既定传统的批评应与新正统派的恢复相均衡，在结果上寻求神学真理的语用倾向应与客观主义所坚持的神学仅仅是传达上帝的知识的观点相均衡。重新理解对上帝信仰的语言文化的符号意义已经凸显出其重要性，用宗教情感去理解上帝是神学价值重建的必需。在历史部分中，他重申对信仰历史的研究是神学研究的必然道路，而对于基督教信仰者来说，历史的焦点必然是对上帝法则的研究。

关于他哥哥莱茵霍尔德·尼布尔对历史的理解，他提出质疑，质疑他哥哥是否充分地强调了来自耶稣基督地对上帝至善信仰的胜利，以及这种胜利对于理解上帝至上和人类生活的有限性及可能性究竟意味着什么。在本书的"幻想时代的神学"一章中，他强调早期的自由主义者们把他们的信仰根植于人类的善良和进步中，这正是他为什么对人的人性、人类政治、人所发明的机器和人类所创造的科学失望的原因。H. R. 尼布尔说：神学的任务就是不仅要揭示社会体系中背叛上帝的因素，而且要教导人们进行从"以上帝为敌人"到"把上帝信仰为人类的朋友和拯救者"的理念划转。在文化部分中，我们发现 H. R. 尼布尔坚定地站在他被人们所熟悉的神学立场上，即对上帝的信仰会蒙受来自教会、政治和经济极端的反对，原罪的观点会支持均衡论和所有极端权力，但是他依然坚信：作为极端权力之象征的战争，是上帝的统治法则的显现，但它依然需要教会继续在各民族各国家之间进行调停。

第二章

H. R.尼布尔神学和伦理学思想形成的背景及其过程

第一节　H. R.尼布尔神学思想形成的历史背景

一、以人生"循环"准则为背景的改革思想

H. R.尼布尔一生作品不断，他的神学著作的内容浩瀚。回顾他作为基督徒和神学家的一生不难看出，他用自己人生的"循环"准则在持续不断地支撑着自己发挥着他的使命作用和创造价值。他说："我一直坚信，循环是一种永恒的运动，正如在历史生活中对转换的呼声是美国一直的呼声一样。"[①] 多年来，尽管他的神学研究工作的研究重点在不断转移，神学道德研究工作的研究层面在不断跃迁，在传教过程中传教战略不断改变，但他都始终围绕着一个宗旨，那就是为教会在特定历史时间和空间中的社会复兴而服务的宗旨。他认为，基督教及其教会在

[①]　H. Richard Niebuhr,　"*Reformation：Continuing Imperative*," Christian Century 77（1960）：250.

教条方面、道德方面以及传教士方面和在自身的地位方面不是永恒不变的，它会随着不同的历史时期而演变，并根据基督教自身的发展规律不断的增添新的内容。但无论这些内容怎样更新和转换，它们都会紧紧围绕"上帝在具体事件和环境中在做什么、在要求什么"这条主线来展开。准确地说，根据 H. R. 尼布尔的说法，神学和伦理学的改革不仅是基督徒无止境的朝圣目标，也是基督教神学家们无止境的职业选择。

1962 年 H. R. 尼布尔逝世以后，他越来越多地被基督教世界的人们赞誉为"20 世纪北美洲神学家中的宗教改革运动的领袖"。[①] 这个赞誉，不仅肯定了他神学思想成果优秀的一面，也同时反映出了当时美国本土神学的两个特性：

一方面，当时虽然没有公认的神学权威为当时的人们指引出神学的前进方向，但是却不乏重塑当时宗教意识的人士。今天的神学学者还记得，在这片土地上曾经出现过的那些神学家——莱茵霍尔德·尼布尔（Reinhold Niebuhr）、保罗·蒂利希（Paul Tillich）和 H. R. 尼布尔（H. Richard Niebuhr）——是他们重塑了北美文明中的宗教意识文明。

另一方面，神学和宗教学研究的新发现，越来越多地证明了认识神学的文化根源和对神学进行文化反思对世俗生活的意义。由于人们对美国的宗教与神学的关注，美国本土的神学家们站了起来，他们不仅把历史上的基督教及其对欧洲历史的影响理解为基督宗教发展的一个阶段，也把基督教神学的发展当作了现代文化发展的新任务。

在这种历史背景下，莱茵霍尔德·尼布尔（Reinhold Niebuhr）和 H. R. 尼布尔（H. Richard Niebuhr）的神学思想在 20 世纪的美国神学家

---

① John D. Godsey, "*Foreword*" *in The Promise of H. Richard Niebuhr*（Philadelphia：J. B. Lippincott Co. , 1970）. P. 7.

中诞生了。他们对当时那个时代的神学发展做出了行之有效的改革，他们的思想在一定程度上改变了基督徒的信念和基督徒的信仰生活。要对他们二者进行比较有一定困难，因为他们二者的神学区别，就像两个男孩在合奏一首乐曲，一个演奏长号，一个演奏长笛。年长者的想法大胆、严格、有些悲观；年幼者的想法精细、热烈、很是丰富。但是，H. R. 尼布尔以及他的哥哥莱茵霍尔德·尼布尔（Reinhold Niebuhr）对北美的教会和社会的思想性贡献同样之大。

H. R. 尼布尔一生的最大希望是他的神学研究成果能够变成宗教改革和社会改革的核心动力。他反对任何绝对化的信念，他深信宗教信仰意义上的自保意识是一切错误和罪恶的导源。基督教的神学和伦理学能够而且必须从它们带有共同特征的立场上来证明上帝，但这种证明方法的使用，不允许基督教存有优等性和排外性。没有哪个神学或伦理学能够满足不断发展着的个人信仰和社会信仰的需要，哪怕只是提供一个标准，即便是曾经达到过一定高度的著名神学家们也不可能。要想满足社会信仰不断发展的需要，就必须对神学进行改革。对于 H. R. 尼布尔来说，神学改革的核心对象就是对上帝的认知，对那个随时随地都作为我们的创造者、审判者、拯救者而存在的上帝的认知。

确切地说，H. R. 尼布尔的神学思想成了宗教改革运动的思想借鉴。从他的思想和论点中可以看出，他超越了现实神学研究中普遍存在的公式化形式；他在前人思想伸延的边界，深思熟虑地寻找他自己的神学反思。当然，这种寻找不是参考他人的经验或者论著然后自己顺着这些思路有感而发，而是通过与现实生活中的人进行实际的交流，然后得出了关于上帝问题的回答。他倾听并研究了几乎所有的观点，无论这种思想是正统的还是异端的、圣洁的还是世俗的、理智的还是狂想的，只要它们是关于人的具体信仰状况的内容他都研究。他认为每种论点都或多或少地能够提供那个无处不在、大爱无边的上帝存在的证据。由于他的著作围绕相对性而展开，无论是在形式上还是在内容上他都尽量避开绝对性论断。他坚持认为，我们必须通过取得至高的成就来揭示和寻求关于自身和宇宙的更全面的真理，这一认识促成了他的思想在任何时代都可能成为宗教改革运动所需要的思想性借鉴。

H. R. 尼布尔的这种对过去的神学改革的呼声，要求他自己必须与基督教的启示和神学的成就保持一致，以期准确地把握对上帝的理解。无论是从耶稣基督与上帝的交流中还是在基督教的历史中都不难发现，在任何事件上，上帝都一视同仁地、毫无偏见地赐予着生命或者收回着生命（Death – Dealer and Life – Giver）。他认为，作为一个基督徒，就意味着在现实中通过历史上耶稣基督的例子来洞穿它所体现的人们对悲剧和感恩的困惑，这个例子不仅仅是死而复活的例子（crucifixion – and – resurrection），同时，复活所揭示的生命状态更是永恒的循环。作为一个基督徒，就应该对唯一的上帝所赐予的生命的永恒循环做出回应。

H. R. 尼布尔的基督教信仰，深深地根植于他生命的每个细胞中，基督教信仰的光辉在他神学思想的源头闪现。有关 H. R. 尼布尔对基督的体悟以及基督实践解析的全面介绍，将在下面他的神学和伦理学的思想体系介绍中进行。但是，本章将给出一个关于 H. R. 尼布尔思想经历的大概轮廓，从中我们可以看到他在信仰上帝的信念驱使下而进行宗教改革的忏悔性和持续性思考的思想特色。

二、H. R. 尼布尔的成长经历对其思想的影响

H. R. 尼布尔承认，在他的生命历程之中，他对上帝的信仰完全受其个人经历的影响。作为一个美国宗教和社会的改革者，H. R. 尼布尔出生的环境对于他的职业、著作和思想影响十分重大。

　　他出生在一个德裔牧师的家庭中，所以他把德国的传统文化和美国的实用主义文化富有创造性地结合了起来。H. R. 尼布尔更特别的地方在于他同时具备了持续的虔诚心和迫切的求知欲，具备了神学家的慷慨和新教徒的清醒，具备了思想家的谨慎和预言家式的大胆。同时，他的学说更是既恪守圣经又表现出十足的时代性，既像新教徒的思想又包含有基督教思想的普遍性特征。

　　H. R. 尼布尔于 1894 年 9 月 3 日出生在美国密苏里州（Missouri）的莱特市（Wright City），父亲是格斯塔夫·尼布尔（Gustav Niebuhr），母亲是莉迪亚·尼布尔（Lydia Niebuhr）。他是三个孩子中最小的一个，他有一个姐姐胡达·尼布尔（Hulda Niebuhr）在芝加哥麦考密克（McCormick）神学院担任了多年的基督教教授；他的哥哥莱茵霍尔德·尼布尔（Reinhold Niebuhr）长他两岁，在纽约联合神学院担任多年教授并领导了美国神学在 20 世纪的复活。他的父亲，17 岁移民到美国，在德国裔北美新教徒宗教议会中是一位卓越的牧师。他的母亲是一个德国人的后代。在这个双语的家庭中，音乐、艺术、文学、神学是孩子们每周必修的内容。父母要求孩子们每天用希腊文或希伯来文阅读圣经，并且较早地通过阿道夫·冯·哈乃克（Adolf von Harnack，1851－1930，德国神学家，学者，作家，教授）的文学作品接触到了德国的自由主义神学。

　　在这种家庭背景下，H. R. 尼布尔做出了跟随其父亲和哥哥加入德国福音教会的决定。他于 1908 年成为芝加哥附近的一个宗教学院——埃耳姆赫斯特（Elmhurst）学院的一名大学生，并于 1912 年获得文学士学位。沿着其父兄的脚步，他又在圣路易斯（St－Louis）附近的伊登神学院深造了三年。在此期间，他的父亲于 1903 年去世后，他的母亲到了伊利诺伊州的林肯——以前他父亲曾经服务过的一个教堂中做侍工。1915 年，他从伊登神学院毕业后也去了林肯，他在这住了一年，并在此地一家日报社工作了一段时间。

在这段时间内，他在他父亲曾经服务过的教会遇到了他后来的妻子夫劳伦斯·玛丽·密登道夫（Florence Marie Mittendorf），他们于 1920 年完婚，后来分别有了两个孩子。他的儿子名叫理查德· 莱茵霍尔德（Richard Reinhold），他的儿子继承了尼布尔家族的传统，目前作为一名出色的神学家正在哈佛大学的神学院供职。

1916 年，H. R. 尼布尔被任命为牧师，并被指定到圣路易斯的瓦尔那特（Walnut）公园的福音教会做牧师。在教会成员的记忆中，他是一个有学识和有着坚定信念和旺盛精力的牧师。他们还记得一个悲惨事件，这件事深深影响了当时的年轻牧师。当年冬天，他同一群年轻人一起从教堂出发去野炊，结果有兄弟两个掉进冰洞，任凭 H. R. 尼布尔怎么努力也没有救出他俩。也许是对这个悲剧事件的记忆，给了他斗争一生的意志——与生命中不可预测的罪恶做斗争，与上帝一起与处于邪恶中的人做斗争。

显然，H. R. 尼布尔的学术追求不会满足于一个区教会。在奉职于瓦尔那特公园的福音教会期间，他到圣路易斯的华盛顿大学用了两年的时间完成了历史方向的硕士学位。1919 年，他受聘于伊登神学院，成为一名神学和伦理学讲师。在此工作的三年中，教学极度繁忙。一边是作为一名新教师，不可避免地需要紧张的备课，一边是作为新郎，需要承担对家庭细心照料的不可推卸的责任。而且在 1921 年的时候，他还打算在芝加哥大学深造一个夏天。这年夏天的公休对他来说非常关键，因为他就是在这个时候碰到了乔治·赫伯特·迈德（George Herbert Mead，生于 1863 年 2 月 27 日，卒于 1931 年 4 月 26 日，美国哲学家，社会学家，心理学家，生前曾经任职于芝加哥大学），他的哲学和心理学对 H.R.尼布尔后来的思想产生了持久的影响。

1922 年，H.R.尼布尔在耶鲁大学神学院，重新投入了正式的全日制神学专业的学习。虽然那时他同时在康涅狄格州的克林顿附近的一个公众教会做侍工，但到了 1924 年他还是取得了一个神学硕士和一个神学博士学位。在这几年中，他最重要的老师是弗兰克·C·波特教授（Frank C Porter，1890－1946，美国神学家，耶鲁大学教授，牧师）和道格拉斯·克莱德·麦金托什（Douglas Clyde Macintosh，1877—1948，美国自由派神学的代表）教授。后者尤其重要，因为他指导了 H.R.尼布尔的博士论文《恩斯特·特勒尔奇的宗教哲学》（Ernst Troeltsch's Philosophy of Religion）（Ernst Troeltsch 1865－1923，德国新教徒、神学家和哲学家，1912 年出版《基督徒教会的社会教学》），并且向他展示了一套研究神学的新思路，那就是围绕神学的价值观进行研究的方法。在此之后的 10 年中，作为一个崭新的神学声音，H.R.尼布尔开始崭露头角。而让他出色亮相的正是他对以麦金托什为代表的价值评定方法和以特勒尔奇为代表的历史相对观的重新解读。事实上，在神学的研究中，对人类价值和历史相对主义的定位极其必要，而这个工作，在 H.R.尼布尔的努力下，成了他的神学研究中一个常抓不懈的工作。

三、H.R.尼布尔早期的思想状况

1925 年，H.R.尼布尔被要求留在耶鲁大学接手弗兰克·C·波特教授的教学工作讲授新约神学课程，但他拒绝了这个邀请，选择了去埃耳姆赫斯特神学院（Elmhurst College）当校长。在他的领导下，这个小学校在教学和学术方面快步前进。在工作中，H.R.尼布尔再一次发现，繁杂的事务对学术研究的影响太大。所以，1927 年他欣然接受伊登神学院的邀请回到了教书事业。

在接下来的几年中，他硕果累累，他出版了自己的第一部书《宗派主义的社会根源》（The Social Sources of Denominationalism，1929）①。这本犀利的基督教历史学和社会学研究著作，直接将 H. R. 尼布尔的研究方向推向了以教会改革和教会发展为主的领域。同时，H. R. 尼布尔的神学研究方法也开始形成了一个新模式——对历史发展的认真分析和对争议问题的对立式回答。接下来便是他对建立神学综合体的最终尝试。

1930 年，H. R. 尼布尔在德国公休期间，他更加坚定了完成神学综合体研究任务的决心。19－20 世纪在德国神学和美国神学教义社会化之间存在的批判性和辩证性的研究方法深深吸引了他。他确信，在德国和美国的基督教之间，需要一个第三方来统一它们的力量并消除它们的缺陷②。他从德国出发，沿着去俄国的路线，在拜访了许多教授和参观了很多地方之后，那颗寻找神学综合协调道路的心更加迫切。在德国，卡尔·巴特 和保罗·蒂利希，尤其是保罗·蒂利希给了他最为显著的影响。H. R. 尼布尔在回到美国后，通过翻译保罗·蒂利希的文章《宗教的境遇》（The Religious Situation，1932）③ 向英语读者简要介绍了保罗·蒂利希。马克思主义作为一个实践性信仰，H. R. 尼布尔虽然接触时间不长，但对他却产生了一定的影响，在他看来，马克思主义思想的重要性是显而易见的。在此之后的几年中，当他呼吁教会把改革战略建立在实践哲学的基础上时，常常间接地引用马克思主义的观点作为

---

① H. Richard Niebuhr, *The Social Sources of Denominationalism* (1929; reprint ed. , New York: Meridian Books, 1957) .

② H. Richard Niebuhr, "*Can German and American Christians Understand Each Other?* " Christian Century 47 (1930): P915.

③ H. Richard Niebuhr, "*Translator's Preface* " to Paul Tillich, *The Religious Situation* (1932; reprint ed. , New York: Meridian Books, 1956) .

例子。

在受到这些新的影响之后，又一次转变降临在他的思想中。从欧洲回美国之后，当一封任命他为耶鲁神学院的基督教伦理学副教授的信送达他手中时，H.R.尼布尔和他妻子正在纽约港的一条船上，当时因为不愿放弃在伊登学院中已有的一切，他推迟了一年才做出是否接受这个邀请的决定。最后，他接受了耶鲁大学的邀请，1931年他及时搬到耶鲁大学，赶上了新学期工作的开始。

在接下来的10年中，H.R.尼布尔研究提出了他的神学综合体和关于他伦理学立场的关键内容与形式。然而，身处不断变化着的社会之中，他的研究工作不可能在大学这个与世隔绝的象牙塔中和在教会的与世隔绝的象牙塔中来完成。他寻找神学综合体的研究工作经历了各种熔炉炙热的锻造：他思考着他的神学综合体应该包括被战争的隆隆声震荡着的世界背景，一个陷入经济衰退的国家环境和一个搅入社会罪恶的教会等内容。在此期间，H.R.尼布尔的注意力明显地转到宗教政治上，他在杂志上发表了《信仰、工作和社会拯救》（Faith, Works and Social Salvation）、《民主主义、社会主义和基督教》（Nationalism, Socialism and Christianity）、《为了教会的解放》（Toward the Emancipation of the Church）、《对社会福音的冲击》（The Attack upon the Social Gospel）、《基督教福音和社会文化》（The Christian Evangel and Social Culture）①等文章。关于这方面的思考，在他同时期完成的三本重要著作中也反映

---

① H. Richard Niebuhr, "*Faith, Works and Social Salvation*," Religion in Life 1 (1932): 426 – 30; "*Nationalism, Socialism and Christianity*," World Tomorrow 16 (1933): 469—70; "*Toward the Emancipation of the Church*," Christendom 1 (1935): 135—45; "*The Attack Upon the Social Gospel*," Religion in Life 5 (1936): 176 – 81; "*The Christian Evangel and Social Culture*," Religion in Life 8 (1939): 44 – 48.

了出来。在《反世界的教会》（The Church Against the World，1935）①
中，H. R. 尼布尔列举了教会与资本主义、民族主义、人道主义的随意
联盟。H. R. 尼布尔反对这些联盟，他提议教会必须在与世界的这种联
盟中做出战略性回撤。在《美国的上帝之国》（The Kingdom of God in
America，1937）② 这本严谨、精深的著作中，他回顾了美国整个宗教
历史的中心问题，并把这些问题作为在历史研究中测试他的神学和伦理
学主张的一种新方式以及对美国新教教会的现实问题进行全面理解的一
种新方式。最终，他在研究解决神学的历史与启示的问题上取得了丰硕
的成果，并在《启示的意义》（The Meaning of Revelation，1941）③ 这
本书中进行了阐述，它成了宗教和社会不断改革的一场非常及时的
宣言。

　　第二次世界大战开始后国际环境变得越来越恶化，这一时期的
H. R. 尼布尔写出了几篇关于战争的非常深刻和有分量的文章。在他眼
中战争就是人类的十字架，是上帝和人类为救赎而遭受的痛苦④。1944
年，H. R. 尼布尔希望能够促成基督教徒对在战争中所形成的恐惧做出
回应，并担负起减轻人们沉重压力的社会责任。但他的努力举步维艰。
为了解决自己的个人危机以及战争带来的各种破坏，H. R. 尼布尔投入
到了教会的重建中。既然战争被解读为十字架，战争的起起落落对于他
来说太符合上帝对待人类的逻辑了，所以在战争行将结束的时候，他理

---

① H. Richard Niebuhr, Wilhelm Pauck and Francis P. Miller, *The Church Against the World*
（Chicago：Willett，Clark & Co.，1935），pp. 1 – 13，123 – 56.

② H. Richard Niebuhr, *The Kingdom of God in America*（1937：reprint ed.，New York：
Harper & Bros. Torchbooks，1959）.

③ H – Richard Niebuhr, *The Meaning of Revelation*（New York：Macmillan Co.，1941）.

④ H. Richard Niebuhr, "*War as the Judgment of God*。"Christian Century 59（1942）：630
–33；"*Is God in the War* ?" ibid.，pp. 953 – 55；"*War as Crucifixion*," ibid. 60
（1943）：513 – 15.

性地去寻找复活的标志也就毫不意外了。在他发表的一系列文章中，H. R. 尼布尔呼吁，战后的教会不应该再按照信仰的标准和社会阶层的标准去联合，而应该通过对世间不公平的抗争来促进形成基督教在全世界联合的共同体。此时的基督教教会不仅不能后退，更应该建立新的联合共同体！

这些偶然性的片段，引出了他对于与信仰相关联的教会角色问题和信仰实质问题的持续不断的思考。按照他自己思维的独特形式，H. R. 尼布尔把他对基督教伦理学历史的全面考察和思索，经过浓缩和包装后形成了他最为著名的一本书：《基督与文化》（Christ and Culture，1951）①。在这本书中，对于教会和文化的关系，他给出了五种模式，并以此构建了一个极其简洁且准确的类型学。而且书中涵盖了大量的反对意见，并给出了所有可能的解决方案。H. R. 尼布尔承认，每一种模式都有局限性，但是，他对历史研究的结论明确地倾向于把基督和文化结合在一个不断转换进程中的协调方法。

H. R. 尼布尔变换了一个角度继续探索着同一系列的问题，他不再对各种各样的基督教伦理学进行考察，而是把他的关注力集中到人类的体验上去。对此，他把基督教徒的生活放到一个非常广阔的背景中，他不仅把这种背景视为信仰的一种形式，也把它作为所有社会文化的一种形式，更把它作为包括政治、经济、科学、艺术和宗教在内的信仰存在基础。耶稣基督赐予我们的信仰是一种特别的信仰，这种信仰被 H. R. 尼布尔称之为"彻底的信仰"（radical faith）。耶稣的信仰确立了有限事物背后的价值和整体性，因为它们在唯一无限的上帝面前有它们最终的

---

① H. Richard Niebuhr, *Christ and Culture* （1951；reprint ed., New York：Harper & Bros. Torchbooks，1956）.

存在和价值。

他历经了 50 年的拓展和研究，并提炼了这些研究所需的信仰素材。他在将这些内容整理和汇集之后，写出了一个手稿，命名为"地球上的信仰：关于人类信心和忠诚的随笔"（Faith on Earth：Essays on Human Confidence and Loyalty）一文①。这些独创性内容，由于处理的是基督教徒对彻底信仰的体验，出版者没有鉴定出这个手稿中的重点和独创点。最终出版内容所采用的题目是"彻底的一神论和西方文化"（Radical Monotheism and Western Culture，1960）②。它是关于 H. R. 尼布尔对反映在我们文化中的政治、科学、教育和宗教活动和习俗中三种信仰的普遍形式（多神论、一神论和彻底的一神论）的分析。在这篇文章中，H. R. 尼布尔再一次明确提出，彻底信仰意味着无论个人还是社会，无论教会还是世俗，都需要不断的改革。

因为 H. R. 尼布尔是一个牧师，所以为教会培养神职人员始终是他神学思想的一个基本关注点。从 1954 年到 1956 年，在美国和加拿大，他在美国神学院协会（American Association of Theological Schools）领导了一个神学教育研究小组。丹尼尔·D·威廉（Daniel Day Williams，1910 – 1973，过程神学的作者，芝加哥大学神学院教授）和詹姆士·古斯塔夫森（James Gustafson，生于 1925 年 12 月 2 日，曾任耶鲁大学教授，1972 年迁往芝加哥大学神学院做教授至今。主要研究道德神学）加入后，他组织了有关历史概念和牧师教育培训的广泛调研，希望以此为基础向牧师的教育和指导方针提出建议。他们的研究成果发表在两个

---

① 关于 H. R. 尼布尔未曾出版的著作的讨论，请参阅 Fowler, To See the Kingdom. , PP. 201 – 247.

② H. Richard Niebuhr, *Radical Monotheism and Western Culture*（New York：Harper & Bros. , 1960）.

独立的系列丛书中：H. R. 尼布尔和威廉编撰的《牧师的历史观察》
(The Ministry in Historical Perspectives，1956)① 以及他们三人共同编撰
的《神学教育的发展》 （The Advancement of Theological Education，
1957）中。最后，H. R. 尼布尔为全体研究成员整理了一下"集体的智
慧"，《教会极其牧师的目的》（The Purpose of the Church and Its Minis-
try，1956)② 一书由此诞生。它给出了教会在美国人生活中的作用和对
此进行的再评估、一个新颖的牧师概念和一个对神学院主旨地再声明。
对于任何一个观点，H. R. 尼布尔都强调教会与世俗的"交往"，这个交
往被解释为相互的合作、指导、忏悔和对话。

　　20 世纪 60 年代初，H. R. 尼布尔把他的思考更多地直接转向了他毕
生追求的方向——基督教伦理学。他进一步探讨了 1960 年他在为格拉
斯哥大学、剑桥大学和波恩大学进行的讲座和准备的材料中所蕴含的关
于德行自身的哲学问题。与此相关的问题，即处理德行自身的"救世
主模式"（Christic form）的问题，在 1962 年的太平洋宗教学院的讲座
上已经提出。因为 1963 年是他预期退休的时间，他开始汇集整理他在
耶鲁大学讲授伦理学时的讲课笔记，计划在那个夏天做出非凡杰出的创
作。这将是一个全面深刻且系统的伦理学创作，但他突然地和出乎意料
地在 1962 年 6 月 5 号去世，结果是导致了这项研究工作没能够继续
进行。

　　但是，他的努力并没有白费。毕竟，在跟着他学习和研究伦理学的

---

① H – Richard Niebuhr and D. D. Williams，eds. ，*The Ministry in Historical Perspectives*
（New York：Harper & Bros. ，1956） . ；H. Richard Niebuhr，D. D. Williams，and
J. M. Gustafson，*The Advancement of Theological Education*（New York：Harper & Bros. ，
1957） .

② H. Richard Niebuhr，*The Purpose of the Church and Its Ministry*（New York：Harper &
Bros. 1956） .

三代学生中，有许多人仍然在这个研究领域进行着卓越的研究工作。更重要的是，1952 年一个三人小组，组织编写了多年来他的学生们的课堂笔记或讲座中速记的内容，其中包括一个清晰的目录。这些笔记的油印版在学者之间不断地被传阅，并且一个被授权的集子不久就同 H. R. 尼布尔的那些未曾发表的著作一起出版了。

最后，在 1962 年，一部伦理学绪论在他死后发表了，题目是《负责任的自我》（The Responsible Self）①。这个册子由他的儿子理查德·尼布尔（Richard Niebuhr）收集并由他的同事詹姆士·古斯塔夫森（James Gustafson）引荐出版，书里面包括1960 年 H. R. 尼布尔在欧洲进行演讲的内容和 1962 年在哈佛大学进行演讲的部分内容。在这部著作中，H. R. 尼布尔研究伦理学的风格和内容体现得非常明显。

上面提到的是在 H. R. 尼布尔生命中出现的重要的影响、关键的事态、思想重点的转变的过程中所构成的框架，展现出了他的一生的追求状况。H. R. 尼布尔对信仰主旨的追求和对灵魂深处的改革充满了激情，他把对上帝和人类、生与死、悲伤与喜悦的思想都描述了出来，体现了他对道德生活中大众事件和个人体验在做出不断的回应和反思。然而，这并不是说 H. R. 尼布尔就是一个特别的思考者——对每种情况都按照自发的行为主义或直觉主义的模式去回应。虽然他的思索历经一生，剩下的是一些"尚未解决"的神学问题，但它却像一个潺潺的溪流，不停向外涌动。获得了一些成绩，也解决了一些问题。可以肯定的是，H. R. 尼布尔的神学思想在本质上是正统的，表述上是忏悔式的。广义地说，它们解决的是两个相接的问题：无论在什么情况下，我们如何能够做到面对一切问题都按照神学的方式去思考的问题；无论在什么情况

---

① H. Richard Niebuhr, *The Responsible Self*（New York：Harper & Row, 1963）.

下，我们如何都能做出负责任行为的问题。但是，在具体情况中，这两个问题都必须是在我们能够按照神的旨意说话或者能够按照德行的行为做决定之前解决，至少是暂时地得到了解决。因此，H. R. 尼布尔的神学和伦理学反思，确实为教会和世俗不断发生的改革提供了重要且持续的帮助。那么，我们就在下节沿着他的思想足迹探索一下他的神学方法和伦理学立场的发展过程。

第二节　H. R. 尼布尔对神学方法论问题的反思

从一开始，H. R. 尼布尔对基督教信念的研究更多地偏向于实践领域而非理论领域，偏重于人与人关系问题而非信念自身的问题。考虑到他早期神学教育家的出身，他的这种倾向并不令人感到意外。在德国方面，阿道夫·冯·哈那克实证的基督教自由主义在影响着他。哈那克把基督教的导源解释为一个道德事件，是在上帝之父的威严下人与人之间的兄弟之情的道德事件。在美国方面，瓦尔特·劳申布什（Walter Rauschenbusch，1861 – 1918，美国"社会福音"派神学家、教授）提倡社会福音，关注人的原罪和拯救，并呼吁教会建立最终的上帝国度。这种把所有个人关系和社会制度以及习俗都建立在神权之下的观点，在H. R. 尼布尔的眼中，会导致最终剩下一个不可分割的绝对的中心。所以，他很快就对当时的神学和伦理学包括德国的自由主义和美国的社会福音派的观点表现出了他的不满。

他开始怀疑这些传统的实践力量，因为它们最多也就是能够唤起欧洲式的兄弟之情和确立美国式的繁荣国度。很快地，他推论到它们在实践上的弱点来自对上帝理解的根本性错误；人类之间建立兄弟之情的方案是一种庸俗的方案。因为在他们眼中，上帝的父性是感情化的，而社会改革的策略是区域性的，情感化的父性难以统一区域性的宗教改革；况且，他们关于上帝父性的观点不含任何批判性。换句话说，H. R. 尼布尔看到的那些伦理学都是有缺陷的，因为他们从神学出发的伦理学论断还不够充分。因此，他认为我们应该首先投身于解决我们是怎么认识上帝的这一问题（神学上的），然后再去解决我们应该如何侍奉上帝这个问题（伦理学上的）。

一、对现实主义的高度提炼

早在耶鲁大学学习的时候，H. R. 尼布尔就开始了他神学思想体系重建的研究工作。上文提到，恩斯特·特勒尔奇是德国宗教和文化中划时代的伟大哲学家①，通过对他的研究，H. R. 尼布尔直面研究了宗教哲学的一些问题，并形成了他探索基督教徒生命主旨和思想道路的一系列思想观点。他认为，对基督教的信念的探索核心是对于所有宗教体验的认知以及对人们所持观点的真实性和多样性的认知和接受。

作为一个宗教哲学家，恩斯特·特勒尔奇首先按照康德的方式处理了宗教历史和文化差异问题。但是，在同时代的宗教社会学和心理学的新发展的巨大冲击下，恩斯特·特勒尔奇在很大程度上改变了他的观点以适应一些理性的观点和非理性的观点、先验的观点和文化事实的相互碰撞，这些相互碰撞包含在宗教的所有体验和思想中②。他一直相信，合理的事物和超验的事物以一种非常隐蔽和模糊的方式在历史中共存着，只不过这种方式可能远远超过寻求绝对原因的宗教理性主义者或是

---

① H. Richard Niebuhr, "*Ernst Troeltsch's Philosophy of Religion*" (Ph. D. diss., Yale University, 1924).

② Ernst Troeltsch, *Christian Thought* (New York: Meridian Books, 1957), pp. 35—66.

祈求于上帝启示的超自然的神学家的认可程度。换言之，虽然恩斯特·特勒尔奇坚信在相对性的历史中有一个绝对性的上帝，但是如果想认识这个绝对性的神还必须通过辨析历史的相对性才能做到。很自然这个现实性的转变彻底改变了特勒尔奇对基督教信仰问题进行研究的风格和内容。特勒尔奇逐渐地把基督教看作西方文化的价值标准体系，但不是唯一的或永恒的体系。这个文化综合体有其历史背景和局限性，它需要保持开放性以便得到持续的修正和发展。这种对神学进行综合的方法极大地激发了 H.R.尼布尔。

当然，H.R.尼布尔对特勒尔奇的欣赏并不是完全没有批判性地兼收并蓄。虽然特勒尔奇思考的绝对性和相对性关系以及一元论和多元论关系的问题也是 H.R.尼布尔一生的思索的问题，但几年以后，H.R.尼布尔用完全不同于特勒尔奇的方式处理了这种矛盾，并得出了完全不同的结果。H.R.尼布尔注重从神学和宗教角度对当代基督教进行批评，但却缺乏哲学和理性角度的抨击。这并不是说他在特勒尔奇那里找到了对现代基督教所面对的问题的清晰表达，而是说特勒尔奇的学术风格和信仰深度所构成的一个恒定的人格形象深深地影响了 H.R.尼布尔。他发现特勒尔奇是一个极端典型的神学家，有翻新的能力和意愿、有创造性的分类能力、对宗教共同体很敏感并充满激情、不惧死亡、甚至勇于接受不同的信念。更为特别的是，他还发现并重组了特勒尔奇的神学传统的两个决定性的办法：第一，特勒尔奇的相对主义为区分某个历史事件是上帝的启示还是人的行为原因装了一个杠杆；第二，特勒尔奇的现实主义把宗教定位在人的价值体验和表现方面，这预示着把上帝的启示和人类的想法彻底区分开来的非可能性。

　　H. R.尼布尔深入研究了美国的神学现实主义①，并以此来强化和提炼了来自特勒尔奇对现实主义的思想传承：即特勒尔奇对 19 世纪自由主义的折中说进行了严厉批判。在整个自由主义的传统中，上帝与人的关系过于紧密，因为自由主义者把视角关注于宗教生活并以此作为神学的反映对象，上帝正好很自然地成为表述一种特别人生的和社会秩序的象征或者终极评判标准。为了弥补自由主义神学所造成的这种偏差，麦金托什坚持上帝必须重返宗教生活和神学自醒的核心。然而这种回归并不意味着要停止对神学自由主义者对道德的事件和历史的事件进行攻击的反击，而是说基督教徒的思想和生活必须围绕上帝进行，通过个人的、社会的、历史的以及文化的等方式去为上帝服务。

　　对此，H. R.尼布尔十分关注信仰和思想是如何围绕上帝并植根于经验中的这个问题。而麦金托什利用科学说明和科学调控的模型，认为上帝的位格在普遍的价值的帮助下很有可能会被发现。上帝永在，我们确信"无论何时何地无论对于任何人，世界都向我们展现个人的或社会的生命中的理性、美丽和善良。"② 利用这些普遍价值，麦金托什推导出神和人相互作用的规律，而这种相互作用表明可以通过宗教方法使信仰者把上帝的力量和人的利益联系起来。

　　虽然 H. R. 尼布尔永远也学不好麦金托什的科学理论和宗教分析技术，但他对麦氏把上帝置于思想和生命的中心以及从个人和社会的价值角度研究人关于对上帝信仰的努力的方法表示极大的赞同。然而，他又很快确信，无论是麦金托什还是特勒尔奇，都没有解决德国和美国自由主义神学未解决的问题。经过最终的分析，二者仍是独立于基督教徒信

---

①　For D. C. Macintosh's major statement, see his *Theology as an Empirical Science* (New York：Macmillan Co.，1919).

②　D. C. Macintosh, ed.，*Religious Realism*（New York：Macmillan Co.，1931），p. 376.

仰体验的价值之外而定义了信仰，因此，上帝依然应该是按照伦理价值进行定义。而我们知道从某种意义上讲，伦理与上帝没有关系，所以，上帝也还是轻易地成为宇宙的支撑者和某些有限利益群体的保护者。总之，特勒尔奇和麦金托什的探索最终都未能使基督教徒在思想和行为两方面都明了"上帝就是上帝"。

在此时，德国出现了一个更为彻底的神学现实主义，它使 H. R. 尼布尔更确信麦金托什和特勒尔奇并未有效地批判自由主义传统的核心。被称之为"危机神学家"的卡尔·巴特（Karl Barth，1886－1968年，瑞士新教神学家）和保罗·蒂利希（Paul Tillich，1886－1965）对 H. R. 尼布尔神学思想的发展起了极其重要的作用。从施莱尔马赫到特勒尔奇再到巴特，都对自由主义神学整条战线进行了颠覆，并以此打开了神学的"人类中心论的起点"①。由于把宗教体验作为了神学反映的正确目标，这些神学对上帝的专制进行了妥协并且把人的罪恶减小到了最小化。对基督教中的以人类为中心的或者以经验为起点的神学，巴特主张应该彻底废弃。只有彻底断开上帝的荣耀和人的辛劳、事实状况和理性推导、超自然的信仰和自然的美德，上帝和人的关系才能从根本上恢复到上帝是信的唯一对象的神学目标上来。人被拯救的优先权、力量和目的完全在于"一个上帝"而不在于其他。

在巴特极具断言性的神学里，H. R. 尼布尔发现了一个"先验的现实主义"，他决心把上帝和其他一切关于上帝的理性结论和自然体验完全地隔离开来。他提出了巴特把宗教的中心从人转向上帝的预言性说教、具有打破偶像崇拜的力量，并且他准备把自己的观点与巴特所强调的宗教的重要性或上帝的裁决融合在一起。上帝好像反对一切有限的意

---

①　Carl Barth, *The Humanity of God*, (Richmond: John Knox Press, 1960), PP. 11—33.

义和存在，他也承认巴特引用人类信仰和美德的事实，来论证上帝十分必要。但是 H. R. 尼布尔很快就认识到，巴特的本体论（存在的理论）、认识论和救赎论（救赎的理论）是反对历史现实主义的。"通过对人类所有的认识和价值进行严格地挖掘，巴特的神学可能仅仅意味着正统神学的重生——重视对绝对的信仰而非实践的回归，只相信已揭示的真理而不信个人对上帝体验的回归"①。因此，H. R. 尼布尔在早期就把巴特的新正统派运动视为对人类中心主义和自由主义神学的偶像崇拜的必要的但却是过度的批判。

在保罗·蒂利希的著作中，H. R. 尼布尔发现了德国宗教现实主义的另一面，它尤其注重历史上人类和上帝之间确定的关系②。与巴特相同的是，蒂利希极其强调上帝的超验性，但与之不同的是，他试图定位个人和文化体验中的"他物"。蒂利希对历史事实和上帝事实的关注和特勒尔奇有紧密的关联，在特勒尔奇身上蒂利希同时发现了作为神学家的伟大和失败之处。特勒尔奇的伟大之处在于他对神学中和哲学中出现的绝对错误的观点进行了颠覆，同时他试图通过他的文化综合体的概念使"历史之上的绝对性"和"历史之中的条件性"相联系。蒂利希认为特勒尔奇为了使绝对性与现代欧洲精神的文化综合体保持高度一致而向相对主义进行了妥协。但是即便是特勒尔奇的失败之处，蒂利希也认为他对神学的未来研究起了关键性的引导作用。

蒂利希在两种历史观的差别中寻找到了特勒尔奇上帝观的待完善之处。这两种历史观，一种是时间由连续不断的时间构成，称为克洛诺斯

---

① H. Richard Niebuhr, "*Religious Realism in the Twentieth Century*," in Macintosh, ed., Religious Realism, PP. 419—21.

② See Paul Tillich, *The Religious Situation and The. Interpretation of History* (New York: Charles Scribner's Sons, 1936).

（chronos）；一种是时间是不可分割的一个整体，称为卡洛斯（kairos）。他认为克洛诺斯型的历史的每一刻都与上帝相关，虽然不是每一刻都能够被意识到。然而在卡洛斯的历史中，在审判和复活的和惊奇的体验中，所有历史的无条件联系变得很详尽，此时有许多片段会被遗漏，但卡洛斯标出了那些一目了然的历史情况。因此，这些遗漏的时刻就转变为记得起和提前预期的工具。通过这些工具，所有的历史事件都可以被解读为无条件的意义和存在在一定条件下的表达。通过这种方式蒂利希发展出了一种文化神学，它描绘出历史中特殊事件的标准模型以区分出在历史中每一件事件的无条件深度和要求。

蒂利希的上述思想对 H. R. 尼布尔早期寻找一种新的神学研究方法的影响是巨大的。这种影响一部分原因归结于蒂利希对危机神学的描述具有历史具体性。他更重视上帝相对性的肯定方面而非否定方面，更重视对上帝超验性的接近而非远离。对 H. R. 尼布尔来说，更为重要的是，蒂利希对历史事实和上帝事实的建设性探究已经成了为他对特勒尔奇的直接回应。蒂利希用哲学构架研究基督教信仰，这比特勒尔奇用哲学理性主义显得更加动态和具体。由此，蒂利希克服了特勒尔奇表述基督教信仰时的大量弊端，他摆脱了特勒尔奇不得不寻求在特殊历史事件中上帝显现的难题，他可以在历史中寻找比特勒尔奇的文化综合体更核心的结构和目的，而不需要忽略历史中的无条件性的深度和要求以及每次表现时的条件性。最重要的是，他替代了特勒尔奇对理性判定的依赖，把在直觉式的和体验式的信仰中无条件性和条件性的事实与经验区分开来。因此，H. R. 尼布尔在蒂利希的思想里发现了蒂氏对特勒尔奇敏锐的批判和建设性的选项。不像巴特的先验现实主义，蒂利希的历史现实主义为 H. R. 尼布尔提供了现成的神学综合体，它强调上帝的独立性和超越性，同时它还视现实事件和各种各样的历史为全能上帝的显现和对他的感知和体验。

不过在蒂利希的催化性作用下，H. R.尼布尔并没有成为蒂利希神学的门徒，但他的确继承了蒂利希思想的相关结构和文化的严肃性风格，并以此形成了他研究神学和伦理学的特色。但是在早期，H. R.尼布尔觉得蒂利希的信仰的概念神秘性和直觉性太强，而对于神学本体论的语言描述又太抽象，结果导致对上帝和信仰的把握超过了美国教徒的感受力和所能够接受的范围。对美国人来说，能够让人心甘情愿接受的神学要比蒂利希的神学在主观上更易把握，更能符合圣经一些。事实上，H. R.尼布尔确信，正如德国神学忽略了人的实际，美国神学缺少了神的特权一样，德国的现实主义需要加些美国的感性激情，而美国的现实主义需要增加些德国的形而上的特色①。故此，H. R.尼布尔在面对把美国现实主义的经验和人类的利益、德国现实主义中先验的上帝和人的信奉如何结合在一起的问题上感到困惑。

H. R.尼布尔不能想象解决这个问题的困难到底有多大。他知道，沿着德国现实主义，确定上帝的独立性与历史经验的相关性和罪恶的普遍在场性非常必要。不过，他同样知道上帝的独立性并不需要他远离经验，与历史经验的相关性并不要求相关的某个绝对点不存在，罪恶的不可捉摸和普遍存在也不能表明上帝美德的缺席②。换句话说，即使面对传统神学家的疯狂批评，H. R.尼布尔也不愿放弃在德国和美国各种各样的神学自由主义中提出经验的具体性和社会激情。他固执地认为，在神学和伦理学中，那些并立的观点不仅能而且必须共融在一起。

然而，这种共融并不是意味着简单的合并。德国神学和美国伦理学

---

① Niebuhr, "*Can German and American Christians Understand Each Other*?"
② Niebuhr, "*Religious Realism*," P. 428.

——德国的神权至上和美国的人类中心主义不可能像两篇散文一样连在一起就能构成一个整体，这里需要的是一个"第三方"——一个协调因素，通过透解双方的对立性观点中的更为深刻的旨意来改变各自观点的不合理性。准确地说，H.R.尼布尔并不知道这个"第三方"是什么，但是在20世纪30年代他发表一的系列的方法论方面的文章中描述出了他需要的三个关键东西①。这种新型神学综合体必须是建立在经验上的同时又能够维持上帝对可知经验的独立权，是可评估的同时又保持上帝决定可知经验之内容的优先权，以及是历史的同时又能证明上帝对可知经验的在场性。它必须能够保证上述三条或者更多的要求，而且它必须饱含激情又按照美国基督教徒能够接受的方法去诉说，这样才能够使二者达到共融。

二、对神学思想的新综合

说来也巧，完成这个新神学综合体的主要推动力来自H.R.尼布尔20世纪30年代中期对历史的研究。在20世纪20年代和30年代早期，H.R.尼布尔的个人体验和神学探索都集中在一个根本的必然事物上——即上帝的统治权力上。与这个必然物相关的是另外两个定论——人类原罪的普遍性和神性高尚的神秘性②。与同时代的其他神学家一样，H.R.尼布尔认为这些重要的信息存在于社会历史之内和被自由主义神学排斥在外的传统神学的核心之内。因此，H.R.尼布尔的研究从自由

---

① Niebuhr, "*Can German and American Christians Understand Each Other?*" PP. 914 – 16; "*Religious Realism,*" PP. 413 – 28; "*Translator's Preface,*" PP. 9 – 24; "*Value Theory and Theology,*" in J. S Bixler, R. L. Calhoun, . and H. R. Niebuhr, eds. , *The Nature of Religious Experience*（New York：Harper & Bros. , 1937）, PP. 93 – 116.

② Niebuhr, "*Reformation,*" P. 248.

主义回到了他后来称之为神学的"伟大传统"之中，尤其是以下几位神学家的学说，奥古斯丁、托马斯·阿奎那、加尔文、路德、帕斯卡和乔那森·爱德华①等人对上帝神权的神学研究成果，拔高了他对上帝在所有事情和进程之前预设的理解，并坚定了他对关于神权与人的责任一致性信念的认识。他一直在追问掌管我们这个悲剧世界的上帝的美德问题。接着，在 H. R. 尼布尔的思索中，基督论的问题永远是重要和迫切的，难道最终的答案是上帝通过磨难来掌管这个世界？

　　在耶鲁大学任教时，为了备课而进行的两年美国基督教研究为 H. R. 尼布尔形成自己的思想综合带来了更为重要的发展。他之所以进行这个研究，是因为他相信神学必须面向具体情况去研究，而且除了它的历史发展外没有其他东西可被准确地理解。这方面的论述不久之后就出现在他的一部最著名的论著——《美国的上帝之国》中。在这本书里，H. R. 尼布尔把美国当作"一个建设性的新教试验田"，他定义"新教的建设性"为：为体现着神权的个人的、社会的和制度的生命寻找可行性模式的努力②。他相信，在全体生命中实现上帝王国这个重要的事情位于神学改革的中心，然而，除非已有的宗教和政权彻底不存在，环境才会允许它全面而又自由地发展。不过，他的研究使他确信这种发展绝不可能是统一的和清晰的。

　　H. R. 尼布尔在新教的上帝王国的统一的原则里，发现了三个十分明晰的主题：

　　在上帝之国里的基督教信仰是一个三位一体的事物。它的第一个元素是对上帝权力的确信，即便这个上帝的权力被深深地隐藏，但它依然

---

①　Niebuhr, "*Reformation*," P. 249.

②　Niebuhr, *The Kingdom of God in America*, P. 87

是所有现实中和所有现实背后的现实。第二个元素是确信在耶稣基督中隐藏的王国不仅可以用确定的形式来揭示，而且可以使那些已经开始挑战人的天性和真实规律的人们展开了一个特殊的、新鲜的生命历程。第三个元素是生命方向，即努力向着临近的王国或者向着在自足世界的、救赎的生命的方向前进。①

H. R.尼布尔进一步论述如果这三个方面能够互补并互容，那么在给定的任何历史时间和空间中，其中之一就会占据支配另二者的地位。因此，美国早期的清教徒殖民者由第一个主体支配——"上帝统治的在场性的鲜活事实，不仅在人的灵魂中，也在自然世界和人类的历史中"。基督之国的第二主题在 18 世纪的大觉醒时期已经开始渐渐展露，伴随着大觉醒人们重新获得了耶稣基督的转变的力量，这种力量把"人的思想和心灵转向以上帝为中心和上帝的大爱"。19 世纪随着千禧年的末日审判在宗教界和社会上的广泛流传，第三个主题"临近的上帝之国"就成了主导。20 世纪的前十年，H. R.尼布尔发现各种各样的上帝之国的说法已经完全被福音信仰的复兴运动和原教旨主义所接受，而在宗教自由主义者和人道主义者那里已经被世俗化了。前者显示出一种自信和自以为是，虽然这没什么益处而且仅仅得到了少数人的反应，但是它却唤醒了那些分辨出他们的上帝之国的观点是多么有局限性的人的认识。缺乏了人类的温暖和神的恩典，上帝之国的生机暖流就会结冰。至于后者，我们引用了 H. R.尼布尔最为著名的一个论断来说明："无须审判也没有磨难，和蔼的上帝通过基督的指引，带着他的选民进入他的国度。"②

---

① Niebuhr, *The Kingdom of God in America*, P. 88.

② Niebuhr, *The Kingdom of God in America*, PP. 51, 124, 193.

　　然而 H. R. 尼布尔却坚持认为，不论怎么看，20 世纪早期人们对教义的曲解和人们的迂腐代替了前几个世纪美国的生机勃勃。清教已僵化为契约论者和教友派的混合体，清教徒成了自认为自己生下来就是上帝的选民的人。大觉醒打碎了那些受束缚者的信仰曲解，把上帝之国的动力恢复到了神学的自卫、次要道德主义、宗派排外主义和喧嚣的民族主义当中。教派和公民变成了上帝的选民和受恩典者。19 世纪，为了反对教会和政府对基督王国确认的草率，对打造临近的上帝之国的呼声唤醒了人们意识的新生。但是这种新生却堕入了正统的、来世专修的个人主义以及自由的、进化的乐观主义之中。虽然 19 世纪末社会福音派展现了临近的上帝之国的正宗嫡传，他们认为上帝之国是充满活力的，但即便如此它也未能够完全逃脱美国政府和教会制度扩张的影响。简言之，H. R. 尼布尔在美国的历史中看到了上帝之国的变化与稳定的矛盾以及改革与僵化的矛盾。

　　H. R. 尼布尔很欣赏用新的宗教运动方式、新的组织方式和对教义的固定化了的模糊性处理方式来解决这些矛盾。他认为，人们最好切实地把前代新运动中改革者所取得的思想成果总结一下，并整理出一套好的形式以便一代代地传承下去。"没有积淀，前人的伟大行动将只留下废墟，就如大海上的狂风过后只留下废船一样。"① 不过，H. R. 尼布尔还认为上代的形式只能是静态的，对信仰改革运动的总结会产生教会新的政治形式的固定，这就必然要推翻以前的那些东西。

　　因此，H. R. 尼布尔对美国上帝之国所进行的根本性历史研究，坚定了他一贯坚持的一个观点：社会改革和教会改革需要不断地进行，这是基督徒必备的一条信念。这个主张并不是说反对固有王国的任何制

---

① 　Niebuhr, *The Kingdom of God in America*, P. 167.

度，而是要求在任何时代都不能停止对神圣的观念表达和世俗的观念表达所进行的探索。

当然，H. R. 尼布尔的收获远远不止这些。他认为，人们是否能够承担建立一个没有隔阂的世界的责任根植于对上帝权力的认识这一传统之中。他还发现了无论怎么看，他自己对社会福音的继承和关注与美国基督教徒所付出的努力都是不相配的。他的研究最后的一个成就就是加深了他对耶稣基督的领悟。他深刻地认识到了耶稣基督是改变人类本身和世人对上帝彻底信仰的历史调停者。这些认识与前面所提出的第三个主题完全一样。H. R. 尼布尔最终认识到，对于美国的基督教徒而言，必须把这三个主题统一在动态并辩证的状态下，缺乏任何一个都不能全面地领悟和贯彻基督教徒的信仰。

H. R. 尼布尔准确地找到了这个状态，并发表在赋予他学术王冠地位的神学论著《启示的意义》中。在序言中，他指出了他的研究依赖于三个基础定论：

第一个，自保是所有思考中错误的最普遍的来源，特别是在神学和伦理学里。我不企望在我抱着忏悔之心来理解基督教教义时能够不犯这种错误，但我至少努力防范这种错误。第二个，生命里罪恶的最大来源就是把相对的东西绝对化，在基督教中常常表现为用宗教、上帝的启示、教会或基督教徒的德行等这些概念来替代上帝。第三个，基督教处于永恒的改革运动之中，在这个世界的任何时刻任何地点都没有终结。第三个会在下文中详细论述，但是它位于前两个的下层。可以断言这三个定论表明人被上帝所恩典，上帝是我们的最高统治者和存在着的永恒的生命①。

---

① Niebuhr, *Meaning of Revelation*, PP. viii – ix.

　　当然，这三个定论是在 H. R.尼布尔对美国基督教的研究中所揭示的三个元素地再表述。对它们地再整理和再综合给了他所需要的这种表述，他以此寻找能够结出神学硕果的协调方法。基本上，他已经找到了那个把自由主义神学的人类中心论和危机神学的神权至上论结合起来的第三方，这就是基督论。基督教信仰的互补结合只能在一个启示神学中实现，但是上帝的启示必须能够在实际历史中协调上帝和人的关系转化。上帝必须能被现实中的人们和群体所认知和服侍，而不是瓦解于事实之中或分离于事实之外。在《启示的意义》中，H. R.尼布尔给出了一个方法来满足这些要求，他把神权的上帝与罪恶的人间在一个无终结且不可避免的历史转换过程中统一了起来。到此，对于改革者来说至少有一个神学方法可以用来去调配宗教工作，毕竟改革是一个不断的进程。

　　在 H. R.尼布尔神学研究的方法核心中那个革命性的推动力，终于在他解决了上述三个固有问题的方式中、在《启示的意义》中清晰地表达了出来。这三个问题是任何一个研究当代启示神学的人都要面对的问题——即相对性和绝对性之间的关系、科学理解和宗教理解之间的关系以及宗教的信仰和基于事实的信仰之间的关系①。对 H. R.尼布尔的解决方法的全面分析到下一章进行，这里的简要描述是为了介绍一个大概轮廓。

　　H. R.尼布尔通过将历史中的真实事件与上帝的统治相互联系起来的方法处理了第一个问题。他认为，人类是一种历史性存在物，人类的思考、感受和行为方式都建立在条件中，也就是各具特色的背景中，甚至人类对上帝的信仰以及与上帝的关系也是如此。人与上帝的每次相遇

---

　　① Niebuhr, *Meaning of Revelation*, P. vii.

都发生在一定的历史群体中的那些个体的身上，这些人对信仰的理解和回应都在构成该群体的历史事件中和该群体正在发生的生活中形成。针对宣称一个带有条件的认识就能够解决对上帝的全部认识和穷尽最终真理的观点，H. R. 尼布尔坚决反对。他主张上帝既不被也不可能被任何事物所包含。人类的生命是有限的，没有任何一个历史上的群体能够完美体现出它的上帝体验，无论过去的还是现存的都没有这个权威存在或具有此标志的群体存在。即便完美体现是可能的，这种体验也必须受制于当时的环境条件，因为任何历史的关联都蕴含着历史相对主义。因此，对 H. R. 尼布尔而言，绝对的上帝总是也只能按照历史的、虔诚的相对主义方法去体验。然而，只有上帝如此体验，而不是通过简单的信仰者的内心意识、社会背景或宗教符号就能够去如此体验。以此来看，基督教徒是这样一种人：对于他们，耶稣基督是在历史中为他们的共同体建立和奠基所经历的上帝体验的事件。"所以，神学必须与基督教的历史同生同长，因为它没有选择。在这个意义上，它被迫开始于启示，并用那个词来蕴含简单的历史信念。"①

对于基督教徒来说，历史和宗教始于耶稣基督的必要性的观点产生了上面提出的第二个问题——对历史事件的科学理解和宗教理解之间到底是什么关系的问题，即如何能够通过那些容易被科学调查和解释的事实来揭示上帝的问题。H. R. 尼布尔从外在历史和内在历史的区别上对这个问题的解答进行了详细的论述。"外在历史"的意思是说，它是为人所知的过去，当时的历史被旁观者所研究，旁观者通过外部事件来决定它的因果关系、显现结构、周期性模式和特性。通过这种所谓科学历史学家们旁观式的研究，不可能揭示也更别说去证明基督教宣称的耶稣

① Niebuhr, *Meaning of Revelation*, PP. 21－22, italics mine.

基督是上帝和人关系的一种特殊显现到底指什么的问题。这个宣言依赖一种完全不同于过去的历史理解和历史关系。

　　与外部研究相反，如果这个参与者记得确切的事件，历史也就能被参与者从内部所证明，因为历史正不停地撞击着他的生命。如果事件的意义被某个共同体以故事和行动的方式传承和体现出来，那这种参与者就不仅仅包括当时代的人或事件的目击者了。因此耶稣基督的伟大意义就是：从前上帝有一个特别的儿子，他的生平和教导通过历史研究即可得知（历史上的耶稣 the Historical Jesus）。耶稣基督既不是一个把我们的内心直接连起来的精神存在体（复活的基督 the Resurrected Christ），也不是一个具体的活在基督教记忆中的历史人物，他是，曾经也是，上帝和人之间的一个中介体。在 H. R. 尼布尔看来，只有这种历史记忆——通过历史直接参与者的生命而准确地塑造成他人的记忆——是有用的。基督教徒就是那些信仰者，他们是讲述着把耶稣基督看作上帝和人类之间的调停者与和解者的人们，他们是对于曾经发生了什么、现在发生了什么亲身参与着并执行着这一切的群体。

　　H. R. 尼布尔认为，存在一个记着耶稣的群体，启示是通过他们记忆中的耶稣传达的，但是，启示的内容是上帝的——不是某人的内在意识或历史上的耶稣的生平作为（以救世主姿态闪现的意念 his messianic consciousness），也不是对某个早期教会的共同生活或境况的说明（使徒的见证 the apostolic witness）。进一步地说，上帝的自身形象和力量不会被同时代的信徒以某种纯粹内在的或神秘的方式所体验。准确地说，对上帝的体验来自人们对日常生活的理解和实践；但是，经过群体回忆出的过去和当时代信仰者亲身体验的现实也可以说明人对上帝的体验。

　　对启示的上述双层过滤导致了前面提出的第三个问题——自然宗教和历史信仰是什么关系，即启示的内容是如何与人的本性和命运的所有感知建立联系的问题，因为人的本性和命运被认为是先天的或外在于与上帝相遇的历史上的中介的，这就出现了如何联系的问题。

H.R.尼布尔从自然宗教和历史信仰的普遍化转变的角度解决了这个问题。所有人都没有同生命的根本意义和目标身处一处，在这个意义上，宗教被赋予了自身的生命。为了在这个世界上存在，人类在感知的基础上需要一个"动物性的信念"；同时，人们为了在历史中为个人找到奋斗价值就需要一个"宗教的信仰"。在 H.R.尼布尔看来，这种自然宗教既不能被启示证实也不能证无。"启示不是自然宗教的发展，也不是它的排除：它是宗教生命的革命。"① 启示就是这样一个时刻，在群体和个人的历史中，它改变了我们对上帝、责任、意义和目的的自然感知。

启示的效果并不是在于它建立了一个独特的信仰者的群体，而是改变了人们已有的理念和关系。启示通过对历史信仰的呼唤，帮助人们理性地在理解着这个世界并为人们道德地对现实世界进行重新安排提供了新的模式和范例。然而，恰恰就是这个重建要求历史信仰必须承认上帝的改造工作并不局限于或者定义在人们过去曾经在启示里与上帝的相遇。向历史信仰显现过的上帝是唯一一个随时随地永不会停息的改革者，因此历史信仰必须彻底承认它自身只是到达了上帝之国的线索而非达到了关键。为了表示对这些线索的忠诚，人们在言行上要包容目击到转变之普遍进程的人，这个进程正在从任何角度进行着。如此一来，最终上帝都会存在于所有事物中或上帝的创造物中。

为了把这三个问题概括在一起，H.R.尼布尔认为基督教神学可以仅仅从历史和信仰中的一个有限性观点上起步去讲述。它只能在重述那

---

① Niebuhr, *Meaning of Revelation*, P.190, italics mine.

些经历的时候从有限的观点上去说明已经过去的历史和预见到的未来是什么，但是那个历史也不应该被限制在历史上的启示和现实的普通生活中。基督教徒通过耶稣基督看到的是，所有的生命都聚集在一个至高无上的上帝中，所以，基督教神学的任务就是帮助基督教徒明白和履行他们在上帝之国的永恒发展中的历史角色。

H. R.尼布尔的神学显而易见是讲究实际的神学——人们对上帝的根本体验是具体的、实际的、并与人的生活息息相关的，而非教条的、与人的生活无关的体验，人们在上帝面前的主要责任是做一个有道德的人而非讲究宗教礼仪的人。事实上，正如前面所提出的，H. R.尼布尔对道德的关注为他寻找一个新神学综合体提供了巨大的帮助。他已经发现，不论自由主义神学还是危机神学，在提供一个既区别于宗教又与自身文化相关联的神学和伦理学的时候都是无能为力的。H. R.尼布尔在长期寻找一个可行的神学方法的时候就把目光瞄向了能够为基督教徒搭建道德生活的基础，并能指导基督教徒的道德生活的神学综合体。但是他表述这件事的时候容易给人造成误解，因为这好像它暗示着，只有在对神学综合体的探索结束了之后，H. R.尼布尔才能真正发展他的道德观。不难看出，H. R.尼布尔在神学方面的研究成果与他的教学和研究视角关系很大，比如他的基督教伦理学的声明和关于这个方面的出版论著都在他进行教学的几年中完成了。虽然神学和伦理学不同，但二者对于 H. R.尼布尔来说存在着不可分割的联系。因此他把用于神学探索的方法与用于对伦理学探索的方法有机地结合在了一起。事实上，他对寻找一个可行的基督教伦理学的研究，比对寻找一个新的神学综合体系的研究开始得早但结束得晚。在下一节中将对 H. R.尼布尔的伦理学发展轨迹进行概要的论述。

第三节　**H. R.**尼布尔对伦理学的重新建构

　　早在 1922 年进入耶鲁大学之前，H. R. 尼布尔就在《福音神学和教会》（Evangelische Theologie und Kirche）杂志上发表了三篇文章，其中的两篇探讨了教会对社会的道德义务问题①。这两篇文章的语气很具有自以为是的特征，文章呼吁教会通过参与到维护经济和社会公正的工人运动中来体现对人类牺牲式的爱所具有的无限价值，并以此去传播公平之道。

　　在耶鲁大学期间，H. R. 尼布尔很快地深层挖掘了基督教有关美德和社会正义基本观点。他的关于恩斯特·特勒尔奇的宗教哲学的博士论文在这其中起了决定性的作用，从特勒尔奇身上，H. R. 尼布尔掌握了教会与社会之间道德关系的相关性和复杂性。特勒尔奇重要的富含经验的论著向他展示了在社会各个领域，人们用来表现忠诚价值观是如何经常变换和堕落的问题。特勒尔奇富有建设性的哲学论述使得他明白了建立一个各种文化价值的协调体或综合体对于人们正常生活和社会稳定是多么的重要。H. R. 尼布尔清楚地看到教会需要对这些重要而具有建设性的观点进行融合，而这种融合则需要一个全新的彻底的道德基础和策略，但是特勒尔奇的融合方案在他看来根本不令人信服或不协调。

　　H. R. 尼布尔对特勒尔奇的不满意在于他后来的理性主义。H. R. 尼布尔发现，对于特勒尔奇来说，相对性的价值只有在绝对性的上帝那里

---

　　① "*An Aspect of the Idea of God in Recent Thought*," Magazin für Evangelische Theologie und Kirche 48（1920）：39 ff.；"*The Alliance Between Labor and Religion*," ibid. 49（1921）：197 ff.；*Christianity and the Social Problem*, ibid. 50（1922）；278 ff.

才具有现实性和统一性，绝对的上帝凌驾并引导每一个历史时期的相对文化走向理念的统一和终结。对于这种看不见却不可避免的进程，人们只有通过人类的思维与上帝的秘密结合然后进行哲学表达才能发现。因此，虽然特勒尔奇发现了只有在上帝的基础上，所有具有文化价值的历史相对性才能展现上帝的现实意志，但他却不能从各种文化的价值中剥离出上帝的现实意志。自由主义神学认为，通过某些由当时的时代、由人们的体验生出的措施或判断标准并在历史（过去和现在）中去寻找上帝的踪迹，才能实现人的理性价值，而特勒尔奇正是具有这一自由倾向的人。

　　H. R.尼布尔在研究特勒尔奇的时候并没有弄清楚为什么这个应该或已经被证明的理性主义在困扰着他。在他的博士论文中，对特勒尔奇的评论在很大程度上处理了特勒尔奇思想中的死结和困难，不过 H. R.尼布尔并没有提出一个建设性的见解。但是从他的博士论文完成后很快又发表的文章来看，我们可以推测德国和美国出现的新神学现实主义对他有着极深的影响。这个神学强调上帝对所有人和对所有文化价值具有独立性和优先性。德国的巴特和蒂利希以及美国的麦金托什和魏曼（Henry Nelson Wieman，1884—1975，美国自由派神学的主要代表之一）的思想在 H. R.尼布尔心中引发了一个关键性的疑问：如何在人类的历史中运用自由主义神学里任一个（不论哲学、道德或理性）来自经验的优先性去发现和描述上帝的存在和目的。就像我们在前篇看到的，这些现实的非难没有让 H. R.尼布尔放弃自由主义神学而对基督教信仰进行有依据的和有价值的探索，反而让他更加明晰了不论在神学里还是在伦理学里上帝和体验、启示和真理、教会和社会的不同。

一、教会与世俗分离的思想

H. R. 尼布尔试图把自由主义的道德优先性（moral priorities）与现实主义的先验性（transcendental preoccupations of the realists）结合起来，以此来探索伦理反思的新方法。更准确地说，特勒尔奇耦合了圣经风格和以上帝为中心的现实主义来进行历史和社会分析，这为 H. R. 尼布尔探索美国宗教道义的精神特征提供了双重的杠杆支撑。支撑的第一个标志是他的一篇标题为"回到本尼狄克"（Back to Benedict，1925）[①] 的非凡随笔。这篇文章是他在耶鲁大学毕业后发表的，他在此提出了教会从文化中撤退的思想。本尼狄克，是一个僧侣，他提出了必须把教会与世俗文化彻底分开的观点，挑战了整个教会世界。也许本尼狄克曾提出的新的僧侣生活方式，能为克服当代教会的宗旨被美国社会的国家主义和资本主义左右的问题提供一个解决方案——这可能是唯一的方案，但 H. R. 尼布尔指出僧侣的来世论是偏激的，他推测出这种偏颇是为了对抗当时美国基督教偏颇的现世论。如果说这种神学和世俗的双重性击溃了重物质轻精神、重政权轻教会、重公民权轻修道、重成功轻美德的一元论（monism），那么它们各有其位置和价值。但是在 H. R. 尼布尔的意识中，向教会发出僧侣主义呼吁并不意味着基督教对社会的责任或教会在统合文化价值中的角色有任何改变。后撤意味着更大的进步，从世俗后撤应被看作教会的一种策略，是教会用上帝之国的承诺再次能够占据世界的唯一方法。教会已被党派之争分裂，已陷入对文化的妥协之中，所以它既没有意志也没有方法去满足它对个人或社会该负的道德责任和义务。

---

① H. Richard Niebuhr, "*Back to Benedict*," Christian Century 42 (1925)：P. 60 – 61.

H. R.尼布尔进一步发展了他的主张，即努力寻找一个教会从所有与文化的妥协关系中原则性分离出来的方法，并在他的第一本书《宗派主义的社会来源》（The Social Sources of Denominationalism，1929）中进行了较全面地论述。在这个时期，H. R.尼布尔对伦理学关注的问题，是如何改革和统一教会以行使教会在文化中可能要担任的改革和统一的角色问题。他的研究使他确信宗派之间的区别在神学上的要比历史性的、社会性的和伦理性的区别更少些。从根本上说，个人和团体不是由理念决定的或是由选择构成的，准确点说，它们是综合作用的结果，这些因素包括经济基础、阶层状态、教育背景、种族遗传、人种类别、政治倾向、部分历史和国家身份。经过对这种复杂性进行坚韧和敏锐的研究，H. R.尼布尔把对"分裂的教会在伦理上的失败"的历史分析和预言式评论混合了起来。在根基上，他看到价值标准的多元使得自保意识成为社会弊病的导因，而随即而来的道德麻痹和人文价值崩溃就是必然结果①。

H. R.尼布尔总结了他对宗派主义社会来源的分析结果，用一章的篇幅谨慎地总结了教会伦理的失败。在一个理想的强制整合的统一力量之下，他通过对特勒尔奇的文化价值的综合提出了一条至高统一的中心在哪里的出路。宗派分立的基督教几乎不能为形成一个普遍的伦理观和世界观提供一点希望，因为它好像连它自身内在的和谐都不能确立。欧洲的危机神学在文化方面没有多少妥协，但是整体上所有文化和宗教对它的谴责以及它对来世信仰的态度使得它并不适合履行基督教对社会的义务。对上帝之国的追求超越了一切相对性的观点和理念，这是危机神学始终的执着。H. R.尼布尔对这个执着的重要性很重视，但是他强调

---

① Niebuhr, *Sources of Denominationalism*, P. 21

指出，那些相对性的成就与上帝之国的绝对性事实一定存在着某种关系；他坚持把人交付给某个先验的领域或某个末世论的奇迹，并以此获得上帝的统治规则；同时他认为对所有拯救人类的努力进行责难才使得宗教降级为一种伦理止痛剂①。

因为人们既没能在宗派的基督教中也没在危机神学中发现伦理学具有形成一个新型文化价值综合体的力量，H.R.尼布尔再次确认了在福音神学中含有形成一个综合体所要求的东西：

虽然它在寻求一个上帝的社会结构，但它的目的并不是要创立一个教会制度或宣扬一个形而上的教义，它的目的是向童年、有潜力的人、上帝和他们可能的志同道合者提供启示。这种启示不是来自教条，而是来自生命，尤其是来自耶稣的生命。像福音书中所描述的那样，耶稣作为上帝之子和人之兄弟的身份，如果他们愿意，与其说是被要求去遵循的范例，不如说是只有他们舍弃灵魂才能实现的终极目的的特征证明②。

这里 H.R.尼布尔表述的理念是每一个伟大的宗教、每一个严谨的哲学、更是每一个热切的心灵的潜在目的。他确信，这一点只能被一个超越世界派别纷争的和能够预言人与人之间终将和解的教会宣布出来。他认为这样的一个教会会在一次次的宗教改革的浮浮沉沉中逐渐展现出来。只有再次把这种潜态的教会激活才是实现基督教国家和世界统一的唯一出路。H.R.尼布尔认为，这条路不是那么容易走的，只有在人们厌倦了不含上帝恩典的忠诚、厌倦了寻求"在我们之间的上帝之国的充满永恒价值"③的时候，人们才会回归此途。

---

① Niebuhr，*Sources of Denominationalism*，P. 278.
② Niebuhr，*Sources of Denominationalism*，PP. 278—79.
③ Niebuhr，*Sources of Denominationalism*，P. 284.

H. R. 尼布尔为病恹恹的教会所开的药方很大程度上是用特勒尔奇的文化综合体和社会福音中的乌托邦的形式表达出来的。但是在他完成的《宗派主义的社会来源》的充满渴求呼唤的文字中，我们可以发现一个有关道德责任的神学基础的转换。最终，基督教道德和文化的统一中心之终极在基督中——在那个为普遍价值存在和全体教徒贡献了每一个细胞的基督中——被决定性地揭示了出来。在此时 H. R. 尼布尔的眼中，不论在神学上还是在伦理学上，人们在规划和创造着爱和生命王国的过程中，对于如何准确地维护上帝的核心地位、基督的权威性和对教会的忠诚心等等问题远远没有清晰明了。不过，这本书相比特勒尔奇和社会福音而言已经更接近目标了，它标志着 H. R. 尼布尔把一个独自的上帝的事实和一个历史启示的标准作为基督教道德责任的基础的信心在逐渐增长。

在接下来的六年多中，H. R. 尼布尔同时并列地进行着两个研究，一个是在神学上尽力解释历史上出现并活跃过的一个上帝的观念，另一个是发展主要具有偶像破坏性和无为主义性质的道德立场。他主张教会必须从所有妥协性的联盟中退出，克服派系的纷争。H. R. 尼布尔热忱地希望这两件事能够随着第一次世界大战在世界范围内的结束而逐渐实现，因为这个时候他仍然相信上帝之国的福音需要一个超越派系之争和区域性忠诚的跨越国家与民族纷争的教会来传播。但 H. R. 尼布尔也看到形成如此纯粹和统一的教会需要这个教会的忠诚性和改革的优先性。教会的文化困囿和组织混乱的根本原因是偶像崇拜——不是上帝被视为价值崇拜的核心。因此，在 H. R. 尼布尔的各种发表物（布道、演讲、随笔、书籍）中，他都严厉批评教会错误的信仰，呼吁他们远离他们的假上帝。这种锋利的道德偶像破坏主义在他的《反世界的教会》（The Church Against the World，1935）一书中极其清楚地被表述了出来。在这本书中，H.R.尼布尔生动地描述了上帝对各种文化信仰崇拜的神的判决，其中包括教会、资本主义、民族主义和人类中心主义。因此，教会必须从礼拜仪式中解脱出来。

为了反对这种偶像崇拜，H.R.尼布尔的撤退劝告对象不仅是彻底的分裂主义者还含有无为主义者（quietist）。在一篇与哥哥莱茵霍尔德·尼布尔交流关于日本侵入中国满洲里、基督教该如何反应的著名文章中，他提出当上帝在这个悲惨事件中筹划审判和救赎的时候，必须提倡一种忏悔和宽恕的意味深长的静止①。但是即便从最极端的意义上看，H.R.尼布尔的无为主义也不是和平主义。他认为分离和无为的主张并不是基督教徒的完美提议，因为他们都承认人的不完美性。在30年代早期，H.R.尼布尔对上帝的统治和人的原罪属性有了新的认识，他主张通过解放神的必要性和改变人类观念的方式使上帝得以广泛流传。在真正的上帝降临之前，假上帝必须被破除。罪恶的人类除了"静候主"的救赎之外别无选择。

此外，对于H.R.尼布尔而言，这个理解的含义并不仅仅是说他的思想与这一时期他阅读过的关于上帝神权的神学内容有一致性。随着他信念的渐渐确立，他的思想便有了影响和力量②。上帝是超越一切的唯一，是主宰所有人类兴衰的最终源头，因为一切尽在其手中。因此，出于策略性、神学上的、深层次的个人考虑，H.R.尼布尔对皈依和侍奉全能上帝的人，主张当上帝在这个世间复活和进行审判的时候，他们应

---

① Reinhold Niebuhr, "*The Grace of Doing Nothing*," Christian Century 49 (1932): 378—80: "*A Communication: The Only Way into the Kingdom of God*," ibid., p. 447. Cf. Reinhold Niebuhr's article *Must We Do Nothing?* ibid., pp. 415—17.

② Sydney E. Ahlstrom, "*H. Richard Niebuhr' Place in American Thought*," Christianity and Crisis 23 (1963): 21 5.

该侧重无为的感恩和祈祷。只有当对上帝的权力和人的原罪有所认识的神学得到较充分地发展后，人们才可能清楚看到上帝是怎样昭告并使"这些靠不住的生物、这些人类动物、我们自己、存在于他的普遍创造和普遍救赎"① 之中的。

在 30 年代早期，尽管 H. R. 尼布尔对教会回撤的呼声还停留在战略意义的层面上，他对上帝权力和人类原罪的新认识促使他强调上帝的恩典和人的奋斗之间存在着裂痕，但他从没打算分开它们。即便在他那篇富含偶像破坏性和无为主义的宣言中，他的关键性谏言也只是希望积极的结果。他对个人和社会之存在的有益关注和对教会和世俗改革的有益关注成了 H. R. 尼布尔在 30 年代后期和 40 年代早期思想的核心。

二、教会的历史责任

H. R. 尼布尔关于教会与世俗间道德关系认识的决定性的进步开始于《美国的上帝之国》（The Kingdom of God in America，1937）的出版。在这本书的序言中，H. R. 尼布尔承认了宗教和文化进程的不平衡，这点在他的《宗派主义的社会来源》（The Social Sources of Denominational-ism）中已经成为他思想的主要关注焦点。在那本书中他阐明了教会是一种制度而非一个运动，教会的宗派是走向分离而非走向统一的，暗示教会对文化具有依赖性而非超越于文化之上。但是对美国新教历史的深入研究使 H. R. 尼布尔确认：基督教文化具有硬币的两面性。在《美国的上帝之国》中，H. R. 尼布尔分析了"有益的新教"的另一面，它塑造文化而不是仅仅被文化所塑造。

正如前文所言，H. R. 尼布尔的研究是围绕美国基督教的上帝之国

---

① 　Niebuhr，"*Reformation*，" P. 249.

所显现的中心而进行的。他发现上帝之国在不同的时期意味着不同事物
——早期是"上帝的神权",觉醒期是"基督的统治",近现代成了
"世俗之国"。H. R.尼布尔发现在每一个时期都有一个创造性的生命力
出现,并给予王国的神学观念以新颖的表述,但是他也发现每一个时期
人们都把对于上帝之国的独特视点最终用于自保和自我发展。察觉到这
三个信念被误用,他相信,它们不是三个独立的信念而是统一在一起的
信念。"世俗之国如果没有上帝的神权和基督的统治那它是没有意义
的,就像后两个缺了第一个也不完整一样,三者之间是不可分离的。"①
简言之,H. R.尼布尔认识到:基督教伦理学和基督教神学,必须在个
人和社会不断转变的进程中为上帝之神权、基督之权威和人类之责任找
到一个统合之路。

对美国基督教的研究使 H. R.尼布尔对教会和世俗关系的理解有了
两个基本变换。第一个就是确信基督教必须作为一个运动去理解而不能
作为一个制度。"真正的教会"(true church)是所有想寻求服侍独一上
帝的人们的一个有组织的运动。首先,在寻求服侍的过程中建立组织机
构是有其必要性的,但是它只能具有指导性而不能是决策性。再者,虽
然其他社会机构对"真正的教会"提供了具体的表现方式,但教会作
为一个组织机构是所有文化机构(政治、经济、教育、艺术)中唯一
可能成为"真正的教会"的机构。

第二个变换是:H. R.尼布尔确信基督教作为一项运动,严格地说
不能代表来世的或此世的进程,也不能被视为一个二者互补或平行存在
的静态二元论。在基督中揭示的上帝的神权与罪孽沉重的世间的关系必
须通过基督的转换后,才向基督教徒和教会的生存发出礼拜和工作的要

---

① Niebuhr, *Kingdom of God*, P. xii.

求。无论何时，没有哪个个人和历史的机构可以把这一运动带进来世和今世而实现——"只有上帝能够提供的综合体"①。但是，只要我们清楚每个人都不是完美的，只要我们怀着对上帝和上帝之国的诚挚的信念，每一个个人和团体就都可以去礼拜和工作，因为上帝和他的国度可以使我们不完整的工作变得有意义。换句话说，H. R.尼布尔放弃了一切期待和组织一个只为某个可以成为上帝复兴工具的理想而服务的教会。他渐渐明晰了教会只是人类文化的一个部分，就像其他部分都从属于一个不断革新和转型的进程一样，教会也需要不断地转换。教会的问题不能仅仅从世俗的其他偶像的影响中超脱出来去全心关注自身的偶像，而是加速自身的改革。因此教会的改革与世俗的改革必须快速进行，并把这种改革作为在上帝之国度恩典的世界中的一个永恒文化（人类的成就）的改革。

在其后的 12 年，H. R.尼布尔在耶鲁大学讲授基督教伦理历史和类型，并出版了关于道德责任的一系列问题的论著。其中，他提出了有关基督教徒的义务和世俗事务的一些新论断。H. R.尼布尔探索基督教伦理成果的成形，第一次清楚地出现在一本由肯尼思·斯科特·来德里（Kenneth Scott Latourette 著名的基督教历史学家，耶鲁大学的博士）整理的随笔集《福音、教会和世界》 （The Gospel, the Church and the World, 1946） 中。H. R.尼布尔标题为《教会对社会所负的责任》（The Responsibility of the Church for Society）② 的随笔，预示着他对基督教伦理在责任和回应方面的独到见解。H. R.尼布尔证明了道德责任是每一

---

① Niebuhr, *Kingdom of God*, PP. xiii—xvi.
② H. Richard Niebuhr, "*The Responsibility of the Church for Society*", in Kenneth Scott La-tourette, ed., *The Gospel, the Church and the World* （New York：Harper & Bros. , 1946）, PP. 111 – 33.

个社会人的普遍性质，每一个人类共同体都会要求它的成员对共同体内的其他成员负责。但是职责总是由一个对于某个构成共同体并赋予共同体特性的诸如均摊利益等此类的优先响应性所决定。换言之，在一个共同体中，人们应负的责任总是被他们所构成共同体的原因所决定，所有人类共同体在回应和负责任这两个方面都是相对应的。

考虑到道德责任的结构，基督教责任的构成和特性是由基督教共同体对上帝的回应来决定的，这个共同体所有成员的生命核心在上帝。H. R. 尼布尔坚决主张，这个上帝不是在天堂或在地球上保护受优待的那一部分家庭或者部落的保护神那里，由基督揭示的这个上帝乃是天上和地下唯一的主，包括所有被仁慈和补偿的爱所笼罩着的生命的唯一的主。对这个救赎全体的上帝的回应，包含着人新的责任。H. R. 尼布尔进一步论证道，这样的责任与局限到精神和物质争辩的唯心论者大不相容；与认为只要有道德的人或有价值的民族的道德主义者大不相容；与不认可人类是一个整体的个人主义者大不相容；与所有把上帝的有限事物作为生命价值核心和源泉的偶像崇拜者大不相容①。

利用对基督教责任的分析，H. R. 尼布尔能够更敏锐地了解到教会存在的问题，他严厉地批评了宗教与文化对待教会的方式，文化用"世俗的教会"（the worldly church）的方式，宗教用"孤立的教会"（the isolated church）的方式来对待教会，二者在维护基督教的责任上各有败笔。比如自由主义新教和美国社会福音派，在确认教会应向它应该负责任的社会尽责时，导致了在"向谁"负责任的界定上犯了非常典型的错误。用任何人类社会替代上帝，不论是用国家主义还是人道主

---

① H. Richard Niebuhr, "*The Responsibility of the Church for Society*," in Kenneth Scott Latourette, ed., *The Gospel, the Church and the World* (New York: Harper & Bros., 1946), PP. 119 – 20.

义，都是对道德的毁灭。对于上帝的信仰同样如此。相比之下，孤立的教会无论再怎么被正统派或新正统派神学家认可，因为确认教会只向上帝负责，导致他们错误地界定了责任的原因，这样就限制了基督教教会应负的责任。不论设想属于宗派主义或普遍主义，同样在上帝面前扭曲了信仰和道德。为了反对这两种"不负责任的宗教"，H. R. 尼布尔坚持应负责任的教会和应负责任的个人必须生存在一个双向运动中——从世俗到上帝和从上帝到世俗之中。"与上帝的关系和与社会的关系既不能像世俗宗教那样彼此混淆，也不能像基督教孤立主义者那样把二者割裂开，它们必须被维持在对上帝负责的统一下的邻人关系中。"①

在 H. R. 尼布尔最著名的书《基督和文化》（Christ and Culture, 1951）中，他分析了他对基督教义务和世俗事务之间关系的理解。这本书浓缩了他多年来对基督教伦理学的分类学和历史教学和研究的见解，他考察了基督教对教会世俗问题的有代表性的回应。H. R. 尼布尔把这个问题特称为"基督和文化"的关系，为此，他描述了五种特定的类型。

1）拒绝类型（type of rejection）：基督反抗文化（Christ against Culture）②

在反文化形态中，"基督反文化"是急进立场之一，基督徒只认定基督才是世上唯一权威而且拒绝文化的自我主张。这种类型认为，上帝之城的居民绝不该插足世俗，因为世界显然是被恶统治着的世界。在第

---

① H. Richard Niebuhr, "*The Responsibility of the Church for Society*," in Kenneth Scott Latourette, ed., *The Gospel, the Church and the World* (New York: Harper & Bros., 1946), P. 126.

② H. R. 尼布尔：《基督与文化》，东南亚神学院协会出版社，赖英泽译，1992 年版，第 58 页

二世纪中，反文化的基督徒还特别强调基督徒已成为新的民族，尤其是犹太人及异邦人之外的"第三族群"（a third race）。H.R.尼布尔认为如果不是这些激进基督徒团体的存在，另外的基督徒团体将因倾向功利主义而削弱基督教信仰。激进主义是教会面对世界一种必需的策略，但也有不合宜的一面，因为它虽然在言语上肯定信仰，然而在实际行动上，却因一味排除文化制度而导致信仰成了消极地否定一切的信仰。没有一个人是自然的有，没有一个人来到基督面前是不带其文化色彩及背景而没有成为被文化影响的人。激进主义者刻意地把启示与理性强行分开的结果，最后就导致在基督徒的实际生活中教徒们不能把已形成的文化理性地融合在信仰里。

2）认同类型（type of identification）：基督属于文化（Christ of Culture）：①

H.R.尼布尔所说的"基督属于文化"的认同类型是与上述立场相对的立场。这个类型认定，在基督与文化议题的解释上，基督是文化社会的弥赛亚，是人最终盼望和最完美的真理信念。对文化的基督徒来说，最好的文化形式是理性认同启示，就如同耶稣的道德训诫已经融入西方文化最高伦理和智慧一样。H.R.尼布尔对此类型的评论是，当文化的神学家们倾向去调和文化与基督徒的观点时，疏忽了去区别神学与文化发展的辩证形式。他认为当神学家们处在文化自我了解的本质中时，神学家便失去了其特色，成为众多哲学家的一员。因为当他们把福音隶属于文化时，已经把自己局限于哲学的领域。

3）综合类型（type of synthesis）：基督优于文化（Christ above Cul-

---

① H.R.尼布尔：《基督与文化》，东南亚神学院协会出版社，赖英泽译，1992年版，第80页

ture）①

　　H. R. 尼布尔指出，罗马书 13 章 16 节把掌权者视为是上主的仆役即隐含着基督与文化的综合，这是这一类型的圣经信息的支柱。中世纪的阿奎那（Thomas Aquinas）也是其典型代表，他曾经尝试过结合基督徒信仰与亚里士多德的思想观念来作为福音与文化的综合，关于这点可以从他将哲学与神学、国家与社会、世俗与基督教美德、自然法与神圣律法融合成一炉上看得出来。与特土良同一时代的亚历山大的革利免（Clement of Alexandria）也是典型代表，他们都尝试过把基督徒的行为与文化教育糅合在一起，倾向于把基督徒的观点与文化因素理性化到一个可综合的信仰的程度，就是说某一特定的哲学思想或体系时常被定位到一种智力或信仰的假设立场上。或许，综合主义者可回答说以暂时的秩序和人类的成就来成为神学建构的支柱是可能的，然而困难的是，综合主义是无法洞悉信仰与理性在综合的过程中有可能失去其信念的真正本质与特色。

　　4）二元论类型（type of dualism）：逆理中的基督与文化（Christ and Culture in Paradox）②

　　不像综合主义者，二元主义相信人们公然地参与在对上帝统治的反抗中，上帝的信实与人类自己的信实之间的冲突能够成为宗教生活的基本议题。由于基督与文化间的原则是逆理性的，两者是毫无可能会合作或综合，因此可以从基督与文化是逆理的二元主义中看出人们对基督与文化综合主义的强力批判。但 H. R. 尼布尔对此类型的评语是，用二元

---

① H. R. 尼布尔：《基督与文化》，东南亚神学院协会出版社，赖英泽译，1992 年版，第 114 页
② H. R. 尼布尔：《基督与文化》，东南亚神学院协会出版社，赖英泽译，1992 年版，第 145 页

主义倾向去区分围绕在文化四周的基督徒之洞见，致使最后信仰（faith）与神学（theology）有了划分。在道德的层面上，基督徒信仰与神学似乎未曾真正面对过理性的法律和正义的主张，尽管二元主义的特色是要从有病的文化和衰竭秩序中把信仰的洞见分别出来，这就导致不得不走向文化保守主义，也就是把法律、国家与制度皆看作是防止罪恶的法宝，同时这也导致了文化只是防止无政府混乱状态的消极工具。

5）皈依类型（type of conversion）：基督是文化的改造者（Christ the Transformer）①

H. R.尼布尔认为，像二元主义者那样，皈依类型相信文化会陷入自我矛盾与自我毁灭。同时，它也相信文化是在上帝统辖之下，是在基督的怜恤与救赎之中。此类型对基督与文化的议题的了解很接近于二元主义，但也与其他类型有关联。文化是神圣者为人类所设立的区域，为了使人类能忠实及服从上主。此类型也有圣经的支柱，特别是在约翰福音中的"道成肉身"的信息中有表现。奥古斯丁对历史的观点及约翰·加尔文（John Calvin）和约翰·韦斯利（John Wesley）对文化的职分可作为神圣目的的提升等皆属此类型。皈依类型者倾向于把基督看成为拯救者而非审判者。当然基督尝试去判断人心，然更重要的是他医治邪恶与疾病而使人类重获新生。他也把19世纪的英国神学家摩里斯（F. D. Maurice）的思想看作是"皈依类型"的代表。H. R.尼布尔认为，人类从人类商业行为与其他社会行为中发现了自私，甚至在宗教笃信的个人主义中，从乞求特殊恩典的赦免中来成义，也表现着信仰者毫不被觉察的自私性。

① H. R.尼布尔：《基督与文化》，东南亚神学院协会出版社，赖英泽译，1992年版，第184页

　　H. R.尼布尔虽以五种不同的形态来陈述福音与文化的永久性的议题，但并不意味着每一文化现象就单属某种类型。在基督宗教神学领域内，此一议题将再被加添或修补，从近代拉丁美洲的解放神学，或第三世界的脉络化神学运动来看，福音与文化的问题又多了一层改革的因素，这在印证着神学的活跃性是无法以某种类型学（typology）的形式所限定的。

　　总体上来看，H. R.尼布尔在整个基督教历史的原始阶段发现了这两种情况的大量例证：在文化与基督长达几个世纪的持续辩证运动中，他申明这二者的历史重要性主要表现为策略性矫正和片面性指令。但是他对这二者的最终判定均有神学和伦理上的缺陷。因此，从整体上考察，不论是基督和文化的相互分离还是相互吸收都未曾占据过支配地位。甚至可以说，基督教的主体是按照某种方式在这二者之间寻求平衡点。

　　在这个伟大的主体中，H. R.尼布尔分辨出维持基督和文化关系的三种不同方式是具有创造性的。"基督优于文化"（Christ above Culture）在肉体和精神构成的一个等级性综合体内将二者安置在了一起①。上帝国度与人类国度是互补的——一个向另一个奉献，前者则向后者支撑。

　　第二个协调方案，"逆理中的基督与文化"（Christ and Culture in Paradox），通过把人的生命置于上帝的仁慈和天罚之下规定了二者的二元论②。信仰者与不信仰者一样活在文化的法律和判断之下。因为只有神对人类的罪恶进行抑制，文化生命才有可能存在。但是信仰者同时生活在上帝恩典的精神规范中，在这里法律是不起作用的，因为罪恶的能量在此是被瓦解了的。信仰者的双重身份展现两种不同的德行，虽然二

---

①　Niebuhr, *Christ and Culture*, PP. 116 – 48

②　Niebuhr, *Christ and Culture*, PP. 149 – 89.

者均在一个上帝下运行。

最后，在协调基督和文化的努力中，H.R.尼布尔创造性地发展了基督教的第三个主流思想变换①，他称之为"基督是文化的改造者"（Christ the Transformer of Culture），把人类世界定位在上帝世界之中，虽然人类世界如此堕落和腐化。就其本身而论，通过上帝对存在的抑制和更新，整个世界（自然的和人类的、个人的和社会的）保持转换存在的可能性。

虽然《基督和文化》被当作一个基督教伦理学的历史类型学，事实上它表明 H.R.尼布尔找到了一个可行的道德立场。这本书的形式和内容使人确信 H.R.尼布尔赞同变换主义，较于 H.R.尼布尔对其他几种类型的见解，他对此的偏好完全可以通过他对"基督是文化的改造者"思想高度的肯定中看出。如上文所述，无论在排斥者（"基督反抗文化"）还是包容者（"基督属于文化"）中，他发现了大量严重的神学和伦理学弊端。他对二元论综合体的非难虽然不是绝对的但也是非常明显的反对。他发现"基督优于文化"的静态综合体会经常成为世俗宗教和文化保守主义的受害者。经过一番检查只在"基督是文化的改造者"的篇章中，没有存在对德行立场直接反对的问题。这个沉默就像艺术家的签名，表现出 H.R.尼布尔对皈依主义者的认定。

这个沉默并不能说明 H.R.尼布尔认为皈依主义者就没有缺点，就可以作为完全恰当地解决文化和基督关系的方案。在最后一篇名为"一个非科学的结尾附言"（A Concluding Unscientific Postscript）的文章中，H.R.尼布尔阐明了他的五个分类只是"在历史的大海中网鱼"（to seine the sea of history）的一种方式，可能还有其他分类（更简单或

---

① Niebuhr, *Christ and Culture*, PP. 190 – 229.

更复杂）可以得到更为丰富的结论。他确信即便是总括了所有的历史研究或系统性的反应也不能得到关于基督和文化之问题的最终解决方案。所有人性事物的相关性和所有神性事物的神秘性太过庞大，以致根本不可能只有一个方案成为基督教的终极答案，答案只能在任何特殊的环境中通过有限的人类对绝对的上帝的响应不断地不停地寻找。

在拒绝了对基督教答案的搜索后，H. R. 尼布尔发现皈依主义相比于其他方案仍然是最充分和最广泛的。关于这个判定的进一步确认可以在 H. R. 尼布尔的"基督是文化的改造者"（Christ Transforming Culture）的前言中看到，在其中他演绎了这个主题以反对其他观点。由此得到的印象是这个位置既具有其他几个的力量又避免了它们的弱点。

相似的且更能体现 H. R. 尼布尔观点的证据在最后一章也能发现。在最后一章中，他在道德行为的伦理反思之上和在典型的存在条件之上指出了道路。在此他用与皈依主义完全一致的形式描述了德行判断的存在背景。他把选择自我定位在一个历史的和社会的相关背景中，这个背景是被绝对存在的上帝从纯粹的相对主义中抽取的。通过基督所认识的这个上帝不断地展开并打碎、矫正并完备所有人类的零散的努力，以使得人类明了益处并展现益处——这个益处是把我们的世界变为了上帝的国度。

总之，H. R. 尼布尔对皈依主义更为重视，在他看来，好像皈依主义较于其他几个点位更应该被投注于主体性的关注，皈依主义更能做出主体性的贡献。其他几个点位包括：排斥者对天堂的争取和接纳者对地球的奉献，综合主义者认为的虔诚的必然性和二元论者对罪恶的抗争。准确地说，这个包括了其他几个点位中没有的、被其对立面所束缚的、肯定的力量，对于 H. R. 尼布尔，这是其具有更高视点的完备和理解的强有力的标志。以此来看，《基督和文化》从整体上是 H. R. 尼布尔渐渐展现的伦理立场的一个精妙描述，而且方式与《美国的上帝之国》（The Kingdom of God in America）中间接表述地和他展露神学的方式是一致的。

三、对神学和伦理学改革的贡献

总之，我们已经了解到了 H. R. 尼布尔的神学与伦理学思想的形成过程，虽然本章描述的看上去更像他的传记，但谈论的却是他的思想如何深入地根植于他的德国、美国传统和他在自身信念的奋斗中的思想形成过程。这两种传统在早期向他提供了看待事物的两种视角，造成他后来在神学和伦理学的反思上表现出了一种独特的风格。这种反思是一个概要的图景，它表现了人类思维运动的多样性和独特性，他甚至找到了把人们分散的力量组合起来去避免自身弱点的方式。H. R. 尼布尔是有敏捷的大脑的神学思想家。他的著作既与他的生命平行又是他生命过程的反映，是他对上帝统治意义的一种持续探索。

H. R. 尼布尔特殊的思想风格及其严谨的学术作风在神学和伦理学里创造出了一个闪亮崭新的整体。经过对相互不关联的神学和伦理学传统的提炼，H. R. 尼布尔把上帝中心论和人中心论、来世论和今世论统一在了一个强有力的基督教思想的新景观中。他的"以上帝为中心的相对主义"是如此富有新意却又完全符合圣经的观点，它把上帝国度和人类世俗安置到了一个完整的自由的整体中。

这个想象出的统一体从上帝的角度来讲是一个审判和救赎的不断进程，从人类的角度讲是一个不断忏悔和对上帝不断回应的过程。简言之，H. R. 尼布尔在神学和伦理学上，体现了上帝对罪孽深重的人类提出了唯一需要履行的变革的要求，H. R. 尼布尔的思想对当时神学和伦理学改革的贡献是显而易见的。

第三章

H. R. 尼布尔的神学思想概要

第一节　神学与伦理学的关系——自我、邻人与上帝

一、H. R. 尼布尔的神学与伦理学之关系

由于 H. R. 尼布尔既是一个神学家，又是一个伦理学家，所以研究他的神学思想部分就需要从他的神学和伦理学的关系中来研究。

从他的思想内容可以看出，他为什么被美国基督教学界形象地描述为一个道德神学家？因为在他的思想中存在着神学和伦理学的平衡互惠以及对称（balanced reciprocity and symmetry）。他的神学著作主要研究人面对道德生活时出现的信仰问题，他的伦理反思也主要是针对宗教生活的道德意蕴进行研究。换言之，神学与道德是诠释和理解信仰的两个方面。从神学上讲，信仰是一个相互关系的领域，这一领域包括自我、邻人和上帝的相互作用及其关系。H. R. 尼布尔神学的反思性努力主要致力于澄清以及揭示那种终极境况，这个境况是指上帝作为一切存在的中心是如何活跃在这个世界上及上帝是如何作为经验而显现的境况。在

这一点上，H. R. 尼布尔像西方众多陶醉于上帝问题的思想家一样，是一个陶醉于上帝问题的思想家（a "God - intoxicated" thinker）。但H. R. 尼布尔对上帝问题的澄清，不仅增加了人们对上帝大爱的信仰理解，也引导着人们对邻人之间所存在的爱的理解。为此，H. R. 尼布尔将神学与伦理学扭结在一起作为其思想体系的中心和纲线，并且他的神学反思以伦理学反思为起点，他的伦理学反思以神学反思（theological and ethical reflection）为基础。

在 H. R. 尼布尔的思想体系里，神学与伦理学不可分割，但又不尽相同。他并非一概将神学归纳入其伦理学，或是把伦理学吸收进神学。他认为神人关系不同于人人关系，并由此明确地区分了神学与伦理学这两个范畴。他认为人们有时对这两种关系的理解陷入了紊乱，而正是这种混乱恰恰可以作为研究之对象。并且，神人关系之紊乱必然造成人人关系之紊乱，种种紊乱总是导源于神学。一个合理的解释是，神人关系主导人人关系。因此对 H. R. 尼布尔来说，神学反思在道德神学中具有某种优先权，这种优先权在 H. R. 尼布尔神学思想的构建和发展中表现得十分明显。他梳理了教会在伦理方面失败的原因，将其归结为是当时主流神学的缺陷。由此他着手创建新的可主导伦理行为的神学基础。在后面章节里，我们可以看到这种神学的优先理念在其思想的主要部分里起着主导作用。H. R. 尼布尔认为，基督教伦理学家的基本任务是对关于信仰经验的神学进行观念的澄清与评判。

因此，在对 H. R. 尼布尔的思想体系进行研究时，神学内容的部分就作为了一个很自然的起点。正如上章所分析的那样，H. R. 尼布尔所寻求的神学是一个集上帝的彻底权力与彻底的人类历史为一体的神学。只有这样的一个神学才能很好解释历史的基督教与现代的基督教之存在的条件。H. R. 尼布尔对这个新的神学综合体系的追求，带领他完成了对基督生活、思想和启示含义的更精确描述。我们将在本章第二部分重点讨论这种启示神学。本章第三部分将证明，对信仰经验的不同阐释都与历史和信仰中某个观念有关，并就其神学观点给出一般性的解释，通过描述上帝在历史与信仰里的真实性来详述 H. R. 尼布尔神学思想之结构与实质。

二、神学改革与自由主义的失败

H. R. 尼布尔关于启示神学思想的观点不是回归到正统超自然主义或圣经主义（Orthodox supernaturalism or biblicism）①那里，因为他并不十分看重神学著作中的那些颇有渊源的概念。在他看来，神学著作中那些固有的观念是不现实的、甚至是没有必要的。150 年来的圣经批判主义和人们对历史的研究成果及来自科学的挑战不能被忽略或否定，超自然主义者与圣经学家所走的道路都是在追求一个完全现代的和始终如一的基督教信仰和神学研究的道路。

H. R. 尼布尔认为，现代人认识自己与世界的方式已经发生了深刻的转变。就信仰而言，这种转变促使人们不得不放弃原有的观念，这种转变使人们对神学的理解脱离了所有的超自然解释和绝对立场。现代人不再期望有奇迹发生，也不相信有绝对真理。取而代之的是寻求对事物本身的构架性理解，比如事物更深的维度、内在固有的功用、深刻意义的交互作用等等。由于身处现代社会的人们已经学会了从他们的历史与文化的角度用有限的眼光来看待事物，因此虽然他们对关于自己与世界的理解并非趋于完美与完整，他们依然顺奉其行事的准则。故而，已有的神学著作已是相当过时，因为这些著作仅限于从人类经验中的某个特

---

①　Niebuhr, *Meaning of Revelation*, PP. 74 – 76.

殊角度来寻找上帝在人世间显现的真谛。

当然，H. R. 尼布尔坚持自由主义神学应该首当其冲地自我调整自己以适应现代生活的世俗化和思想的相对化。自由主义者们欣然接受世俗主义者对传统基督教之'来世'（other－worldliness）观点的批评并与之妥协。自由主义者声称，作为个体存在以及寓于自然、历史和意识中的力量，上帝的概念与圣经信仰及个体信仰的关联，比正统的上帝概念与作为超自然的世界主宰的关联更加紧密。但是，自由主义者与相对主义者达成的妥协没有成功：相对主义者主动放弃传统基督教的排他主义，并且承认其他宗教中的上帝的存在以及真实性；自由主义者却坚持基督教遵奉的上帝具有最高的、最终极的真理性。

由此可见，自由主义者不接受将上帝重置在由个体和社会经验里所引申出的丰富的含义中，H. R. 尼布尔认为这是它的一个失败，并把这个失败作为印证自由主义垮台的依据。任何以经验论为基础的神学都会局限于一个在历史与信仰范畴中特定的立场上，因此是相对的立场①。这个陈述并非是对神学缺陷的一个证实，而是在对上帝权力的认知及对人类历史真实性的确认之下产生的事实。除非历史和宗教的相对主义的每个神学观点都能被人接受，否则关于上帝与人类的真理就不可能被持久地保持或是被简单明确地描述出来。

三、关于历史相对主义

一个人的立场直接左右着他的经验和认知，包括神学家和道德学家在内的很多人都意识到了这一点，却也因此而对经验和认知困惑不已。历史学、人类学、社会学领域的比较研究已经明确地表明，人类是一定

---

① Niebuhr, *Meaning of Revelation*, PP. 7－38.

历史范畴的存在，人类的形而上学、逻辑学、神学和伦理学如同其科学、经济学、政治学、修辞学一样也需要随着时间变化而演进①。神学与其他学科一样都具有相当长的历史，但是神学在顺应意识潮流的转变上要比其他学科慢得多。有许多学科，比如自然科学、社会科学、逻辑学和数学各个分支、文学、美术，甚至一些新生的哲学，都在尝试着充满信心地前进。他们的信心是指，就算是有限的视野、不甚完美的成就、各种尝试性的假设也都是建立在一个事实之上，就是如果不能知道全部真理的话，至少也知道一部分。

这类建立在不确切的认识和试探性作为之上的信念，H. R. 尼布尔相信是完全合乎情理的。历史相对主义是可以被接受的，而不是被全然否定而归到怀疑主义与主观主义那里去的。怀疑主义认为任何观点都是不可靠的；主观主义声称任何观点都是同等可行的。对此，他说：

我们并不明白，一个人即使是被迫承认他对事物有何种看法取决于他所持的是何种立场，他也不一定会怀疑他所看到的事实。我们也不清楚，一个人即使知道他的观念并非普适的，也不一定会怀疑它们不是普适的观念，或者说，一个人即使理解历史是如何裁定史事的，但他也不一定会相信历史的确会裁定什么②。

H. R. 尼布尔把这种自信与上述两个存在于所有历史相对经验中的假定联系起来。第一个假定是用来与怀疑主义和主观主义相区别的佐证，它使我们能够感知与评价独立存在的对象。尽管这些对象通过特定时间和各种文化向我们展现，但它们的确是自主的、独立于人类思维与盼望及知觉之外的。

---

① Niebuhr, *Meaning of Revelation*, pp. 9 – 16; H. Richard Niebuhr, "*The Idea of Covenant and American. Democracy*," Church History 23 (1954)：129.

② Niebuhr, *Meaning of Revelation*, PP. 18 – 19.

第二个假定使得这种信念免于沦为纯粹相对主义的检验标准，它表明每个观点的社会属性。每个个体所持的观点实际上来源于一个社会群体的成型的和未成型的观念，个人的经验因此总是要"接受来自同一群体中持同样信念体系的他人经验的检验，还有同一社会群体的历史经验的原则与观念的一致性检验。"① 对 H. R. 尼布尔来说，个体具有面对经验对象而公开探讨的可能性，这为在一个相对的世界里提出值得信赖的认知奠定了基础。

基于这个一般现实主义和社会认知理论，H. R. 尼布尔宣称神学必须面对这些问题并根据历史相对主义的要求做出相应调整：

任何一种神学似乎都毫无可能逃离历史相对主义所造成的困境。由于观察者不能跳出历史的范畴进入到一个超越时空的领域，因此必须考虑观察者的历史观点。如果某个原因要想从根本上起作用，那它必须情愿地作为一个历史上的某个原因而起作用②。

怀疑主义的危险和主观主义的诱惑似乎如影随形，但是 H. R. 尼布尔并不担心会落入它们的陷阱。个体的宗教立场在群体的宗教经验与宗教理解的环境里被聚集起来，在这种群体里，个体的经验和理解被整个过去的、现在的信徒们构成的群体所纠正和被确认。更为重要的是，独立存在的宗教对象会对我们有限的和不完备的理解实施监督——其中也包括拒斥、更新和对这些理解的回应，因为它们强调了人类能够经历到的上帝的真实性。

---

① Niebuhr, *Meaning of Revelation*, P. 21；cf. pp. 10 – 11，72 ff.；Niebuhr, *Radical Monotheism*, PP. 115 ff.；*Christ and Culture*, P. 238；"*The Ego – Alter Dialectic and the Conscience*," Journal of Philosophy 42（1945）：354；"*The Gift of the Catholic Vision*," Theology Today 4（1948）：510 ff.

② Niebuhr, *Meaning of Revelation*, P. 10.

　　由此，H. R. 尼布尔发现了一个使得信徒和神学家能够与历史相对主义同行、并且避免屈服于绝望的怀疑主义和带有欺骗色彩的主观主义的道路。同时，H. R. 尼布尔对所有历史经验的客观内容与其社会背景的关注揭示了第二条道路，在那里所有的神学立场都是相关联的：神学总是产生在那些以某种特定方式经历上帝存在的某个特定的群体里，并积极探寻如何澄清与赞美群体对于上帝的经历和体验的方法。神学的最终任务不只是将某个历史上曾有的群体的信仰和实践进行分类，更恰当地说，神学反思的主旨应该是加深该群体对上帝的理解和回应。因此神学著作总是与某个特定宗教及历史具有关联的观点系列。

四、从宗教相对主义出发的神学研究

　　神学反思起始于信仰，也终落于信仰。根据 H. R. 尼布尔的观点，这个信仰不是来自灵感的某个讯息（圣经学）或是一个肯定的权威性教条（比如犹太教的正统教条），而是一个以上帝为中心的人际关系的动力结构，因为只有它才能渗透到所有的个体与群体的行为中去①。对基督徒而言，因为上帝存在于宇宙的中心、是永在的、拥有至高无上的权力，所以信仰在宇宙中的影响才无处不在。但是 H. R. 尼布尔主张，尽管上帝的权力在自然与历史当中普遍存在，但基督教的信仰并不是一种普遍存在的信仰。基督教信仰乃是出自某个特定历史上的群体，并且由这个群体体现出来，基督教神学也因此必定反映了该群体的和历史特质。他说：

---

① H. Richard Niebuhr, "*The Triad of Faith*;" Andover Newton Bulletin 47（1954）：3—12；"*On the Nature of Faith*," in Sidney Hook, ed. , *Religious Experience and Truth*（New York：New York University Press, 1961）, PP. 93 - 102；Radical Monotheism, PP. 16 - 23.

在社会历史里，神学不可能是个人的或是私有的神学，它也不可能存在于政治史和文化史的无教会的氛围里。教会是神学的居所；教会语言即是神学的语言；借着教会，神学才可能具备其普遍的形式，正因为教会了解自己的本质与使命，神学才可以体现在研究信仰的著作里①。

神学反思总是围绕不同的历史上的信仰来表达。通过对历史上的信仰的反思，H.R.尼布尔认为神学只能是"忏悔"神学（confessional theology）②。一个忏悔神学不只是在练习说"耶稣基督对我的含义是什么"，这个含义必须经过与教会内外的人们的经验进行细致地比较才能明晰。一方面由忏悔形式得出的神学根据才是宗教信仰的对象，它能精确地评价出基督徒的生活和基督教思想的价值。另一方面，通过内在搜寻其软弱点，并使用相应的建设性观点来替换它们，才能精确地得出关于人类经验的非基督教的观点。但是忏悔式神学总是关注于教会和世间，对于基督教信仰的模式则给不出任何有关终结的或一般性的结论。

H.R.尼布尔论证说，忏悔神学是在双重约束下运转的；忏悔式的方法不仅是任何一个神学假定的历史局限性的要求，也是在持有这种观点的罪人身上的一种默认方式③。一种基于历史的启示神学不仅是对人类罪恶的忏悔，也是对信仰的声明。拒斥了忏悔方式的神学，就等于是在自身内在的完整性上增加了自我满足和自我防御。这种"罪人的神学"（sinner's theology）不包含带有侵略性的自尊与防卫，因此，它能够解释基督教信仰群体的认知事物的推论方式，以及能够从历史上某种信仰的带有局限性的观点处看到事物的本质是什么。

尼布尔恰当地总结了当人们面对历史相对性与宗教的相对性时表现

---

① Niebuhr, *Meaning of Revelation*, P. 21.
② Niebuhr, *Meaning of Revelation*, pp. 38－42.
③ Niebuhr, *Meaning of Revelation*, 41－42.

出的不同反应方式：

　　人类的反应似乎有三种可能：1. 他们可以成为虚无主义者和坚定的无神论者，这种人断言世上没有可依赖的东西；2. 他们可以依附于处于某个相对位置的权威，声称教会、哲学如同生命对于个体具有某种价值那样的价值都是绝对的；3. 借着对无限绝对者的信仰而接受相对性，并坚信他们自己的相对观点、相对价值和相对责任都附属于那个绝对者。第三类人能够靠着信心和谦卑来忏悔和做出决断，因为他们的忏悔和决断可以吸纳来自相同信仰的人的补充与修正、甚至能够接受与他们观点的冲突。由此他们可以凭着信心，或许具备并不连贯的知识，讲出他们所听、所见的真理。但是他们不会争辩说这就是全部真理，没有别的，只是真理。他们也不会像独断家那样不愿接受别人对同一事物的不同看法①。

　　尼布尔显然赞同第三种方式，并由此构建了一种神学，他称之为"以上帝为中心的相对主义"神学②。

五、以上帝为中心的相对主义神学

　　H. R.尼布尔从他居高临下的角度看到了什么呢？他是如何看到的呢？他会忏悔些什么呢？H. R.尼布尔的神学既不是对上帝自身的说明，也不是关于人对上帝的回应的描述。"在神学里，已知的与可知的内容是与自我和邻人关联着的上帝，以及与上帝关联着的自我与邻人。"③关于上帝的客观真实性的神学探讨，不可与关于对信仰主观经验的探讨分割开来。这种分割确是过去许多神学的典型特征，例如新正统派神学

---

①　Niebuhr, *Christ and Culture*, p. 238.

②　Niebuhr, *Christ and Culture*, p. x.

③　Niebuhr, *Purpose of the Church*, P. 112.

专注于神学研究的客观方面，新教自由主义则集中考察神学研究的主观因素。这些割裂趋势已经延续到当代的一些论著里，比如巴特的基督论客观主义和布尔特曼的主观存在主义。但是 H. R. 尼布尔主张神学必须同时拥有宗教经验的这两个方面，并且明晰两者作为统一之部分的互补关系。"神学需关注信仰中的上帝，因为神学要诠释信仰；同样，神学要关注'对上帝的信仰'，因为神学要诠释上帝。"①

那么，H. R. 尼布尔是如何把这两者整合进他的神学里呢？当 H. R. 尼布尔谈及上帝与世界的持续相互作用时，其来源和衡量标准是什么呢？如上所述，H. R. 尼布尔确信那些在早期神学里的典型做法，诸如对自然、经文及直觉的直接呼救已显得不合时宜。基督教神学不能以自然为纲，因为这等于说人类只要看看星辰、树木、花草就可以揣测出上帝的意思和他的旨意；也不能以经文为纲，否则这等于说人类只要读了经文就可以揣测出上帝的意思和他的旨意。亦不能以内心为纲，否则这就等于说人类可以凭道德觉悟和精神境界听到上帝的声音。在不同的语境里，自然、经文、内心三者的含义会截然不同。对基督教神学而言，若是从基督教的历史与信仰的立场来解释，这三者都是洞察神学的源泉②。

神学反思若不能直接诉诸自然、经文、内心的话，那该从何说起？H. R. 尼布尔的回答很清楚，但却不易理解：

"今天的基督教神学必须从启示开始，因为它除了把上帝想象成为公共性质的历史存在或者像信徒的模样，别无他途。事实上，基督徒应该思考启示的意义，而不是时时刻刻地追问整个人类在启示中的意义。

---

① Niebuhr, *Radical Monotheism*, P. 12.

② Niebuhr, *Meaning of Revelation*, PP. 48 – 53, 58; cf. "*The Doctrine of the Trinity and the Unity of the Church*," Theology Today 3 (1946): 371—84.

只有通过回忆基督徒生活的经历以及分析基督徒从凭着在历史与信仰角度的有限的视角所看到的东西，基督教神学才能开解其谜团。"①

根植于对启示的这种直接呼救，是一个对启示的真实含义以及启示在人类经验里的发生方式的高度浓缩式的理解。在明了这个综合的理解之后，接下来需要阐明的是 H. R. 尼布尔神学的形式和实质内容。他的神学思想部分的内容，将在他的关于在基督教历史及基督教信仰之"人类的上帝"（God for man）与"上帝面前的人类"（man before God）的启示与历史的理解中叙述。

第二节　关于启示与历史

H. R. 尼布尔尽管宣称神学起源于启示，但他相信只有当启示在三种不同却又关联的意义下是历史上的真实事件时，对启示的讨论才是有意义的。第一，启示必须指的是在我们过去的历史中发生的、上帝在普通事件中的、确定无疑的显现。第二，由过去的显现引出了上帝在当前普通事件中的显现。第三，这个过去的显现必须是人通过普通的历史渠道获得当前经验（对上帝的经历与体验）的媒介。对 H. R. 尼布尔而言，一个纯粹历史的启示只能证明历史上活着的或是死去的人是可信的和相互关联的媒介。

但是对启示的史实性考察的要求，引发了一整套形式上的问题：启示真的象征着历史与上帝自己吗？普通的历史事件，无论过去的与现在的，都包含上帝的真实与生命的真谛吗？上帝与他的旨意是如何通过可

---

① Niebuhr, *Meaning of Revelation*, P. 42.

以被人们研究和解释的事件传达出来的呢？比如借助所有的历史事件？此外，启示为什么既可以是过去的事件，又是现在的经验呢？倘若启示意味着上帝通过特定的历史事件来传达旨意，信仰不就可以概括为"相信过去特殊事件与特定事物"了吗？启示不就成了静态的"彼时彼处"（then and there）而非一个动态的"此刻此处"（here and now）的事件了吗？

H. R. 尼布尔在他的"历史的两面性理论"（two‐aspect theory of history）① 里阐述了这些问题。开解启示与历史的疑惑需要区分"内在历史"与"外在历史"这两个概念。但在 H. R. 尼布尔的论著里，两者的界定有些含糊不清。有时他用这两个概念来区分历史事件的不同特征以及人类事件的存在价值，但有时却是用来区分历史上的不同认知模式或者观察自然和人类历史的不同方式。但是两者合于一处，就给他提供了一个途径，既能给历史中的启示定位，又使得启示在历史中传承。

一、启示的历史轨迹

H. R. 尼布尔坚信人的理念决定着他会具有何种经验以及对这种经验有何种理解，这一观点是他历史两面论的导源②。历史的主观与客观的相对性意味着，观念的不同决定着经验的不同和概念的不同。这两种来自完全不同的文化和历史立场的观念有明显的分歧，但是持有一个具有广泛共识的观念，就意味着会自动拥有某种经验或认知水平。每种文化都包含着大量的结构群体，这些群体都具有对事物本体与道德观念的独特看法。对于持不同观念的人来说，这些见解不仅不易被理解，亦不

---

① Niebuhr, *Meaning of Revelation*, PP. 43 – 90.
② Niebuhr, *Meaning of Revelation*, PP. 59 – 60, 63, 74 – 76, 81; *Christ and Culture*, P. x; *Responsible Self*, PP. 45, 69, 79 – 81, 90 – 107.

可被获得。只有在具有共同理念的群体之内，才能理解这个群体的思想与生活。

因此对于 H. R. 尼布尔而言，"外在历史"（external history）指只要具有相同文化背景或是对自然和社会持有某一共识的人群都可拥有的经验与现实。它包括所有的可被感官感知的事件与实体或是可用物理学、生物学、心理学和社会学的方式解释得通的事件与实体。"内在历史"（internal history）是能够仅仅通过对某个特殊群体的生活模拟或是参与其实际的生活才可理解的那些经验和现实。这些现实包括形而上之统一、伦理学之价值、精神之含义和个体之偶然性。所有这些既可以通过个体交流来揭示，也可依靠该群体特有的语言与逻辑来解释。

在清晰地区分这两种历史时，H. R. 尼布尔也注意保持"二元性之统一"（duality in union）。他的区分不是把历史分别划成同一平面上的两类现实，每一类都可被相同的认知能力从同一观念处理解；也不是把历史分别划成两个不同平面上的两个序列的现实，每个序列可被各自的源于完全不同认知能力的观点所感知。

"内在历史"与"外在历史"的区分表明，尼布尔坚信在不同方面、从不同立场上可以看到同种历史的现实。因此，H. R. 尼布尔的两面论把启示看成了平凡的事情（可以像解释和感知自然事件那样来感知和解释）和宗教的事件（能够像领悟和理解特殊圣事那样领悟和理解）①。

在这个二元性之统一中，H. R. 尼布尔采用了一个有点类似于康德哲学对待启示与历史时所使用的方法②。如同康德那样，他区分了作为

---

① Niebuhr, *Meaning of Revelation*, PP. 75 – 96.
② Niebuhr, *Meaning of Revelation*, PP. 66 – 67.

纯粹理性领域的外在历史以及作为实践理性领域的内在历史。此外，他还像康德那样给予启示在通过实际推理诠释的实践理性中的定位，而非在经过理论理性分析的实际数据中的定位。但是 H. R. 尼布尔通过从两个至关重要方面的修正，避免了康德式的经验分裂——存在的两个领域（理论与价值），或是自治的认知模式（理性与信仰）。

H. R. 尼布尔重新审视纯粹理性和实践理性，并对二者进行了整体的理性想象和功能区分，这也使得他克服了康德那里的二者的分裂①。通过超越对资料的成像与想象，纯粹理性与实践理性会影响来自经验的"关键资料"（brute data）。纯粹理性的直接资料都是来自于"身体感觉"（视觉的、听觉的、触觉的、肌肉运动知觉的等等）的，与之相应，实践理性的直接资料却是来自于"自我感知"（愉悦与悲痛、爱与恨、恐惧与希望等等）。理性的想象能够为如何理解、如何执行、如何阐述和如何回应提供模式和范例，从而弥补直接数据的不足。

因此，H. R. 尼布尔认为纯粹理性与实践理性的区别主要在于，它们所使用的比喻不同或者从一个具体的观点出发进行推理时所诉诸的知识不同②。纯粹理性涉及整个物理学、生物学、心理学、社会学以及一个事件发生的理性综合体。它既描述因果关系，又描述具有特殊倾向及能力的证明，它使用的模式与范例也是具有普遍性、有效性和叙述性的模式与范例③。实践理性涉及的整体、价值、意义，以及通过信仰才可

---

① Niebuhr, *Meaning of Revelation*, PP. 94 – 99; *Responsible Self*, pp. 79 – 81, 96, 151—54, 161.

② Niebuhr, *Meaning of Revelation*, PP. 99 – 109; *Responsible Self*, pp. 149 – 60; "*The Idea of Covenant and American Democracy*," pp. 129 – 30.

③ Niebuhr, *Meaning of Revelation*, PP. 64, 93 – 97. *Responsible Self*, P. 79

领悟的事件，它使用的比喻是个人的、评述式的和生动的比喻①；无论在哪种情况下所得到的知识都是建立在直接经验和感觉的知识或者是建立在感官启发之上的虚存构想。

通过强调历史相对主义在所有理性中的重要意义，H. R. 尼布尔在更深一层上修正了康德的思想②。纯粹理性与实践理性不仅能够运用在对历史数据的分析上，同时它们自身也受一定的历史条件的制约。这种条件包括语言对推理的影响以及角色对理解的影响。理性通过模式、图像和模型来解释经验的资料（感觉与感情），但是这些概念——语言形态总是来自某个特殊的社会背景，也适用于该特殊的社会背景③。个体对现实的看法起源于一个经由持相似观念的同类人的交流、修正与确认的过程④。因此，人所见、所想、所理解和所相信的无外乎是某段特殊历史中的自我以及与这段历史合拍的自我所能做的一切⑤。

如此一来，H. R. 尼布尔最终把启示看成是内在历史的综合体。对于上帝、自我与邻人而言并非所有的内在历史都是启示性的，但是大体上说，倘若在某事件里，上帝和他的意志被信仰的理性所阐释时，任何历史事件都是具有启示性的。这么说来，实践理性运用了虚构的模型和比喻，这些方式源自某个群体并在这个群体里根深蒂固。因此，启示就被定位在过去与当前的内在历史中。一些发生在过去的事件提供了意识图景，并且创建了一个理念共同体，凭着这些，在当前的历史经验里才

---

① Niebuhr, *Meaning of Revelation*, PP. 64 – 66, 97 – 99, 104 – 6, 143 – 47; *Radical Monotheism*, PP. 45 – 48.

② Niebuhr, *Meaning of Revelation*, P. 65.

③ Niebuhr, *Meaning of Revelation*, p. 14; *Purpose of the Church*, p. 22; *Responsible Self*, pp. 79 – 82, 95 – 96.

④ Niebuhr, *Meaning of Revelation*, pp. 20 – 21; *Radical Monotheism*, pp. 115 ff.

⑤ Niebuhr, "*Reformation: Continuing Imperative*," p. 249; *Meaning of Revelation*, p. 13; *Responsible Self*, pp. 90 – 107, 161.

可理解上帝和他的意志。启示指的正是这样的事件。

简言之，H.R.尼布尔对内在历史与外在历史的分析表明，启示融合了历史与上帝的概念，并使二者不混淆或不分裂。这种解释方式使人想起了卡尔西顿信经（Chalcedon）的救世主的定义。事实上，在下面进一步的讨论中，H.R.尼布尔的关于历史的两面性理论是对卡尔西顿信经的、必要条件的、一个具有非凡独创性的观点的重述。这个条件是所有关于人性以及耶稣基督的神性的讨论，必须保持这两种本质的"无混淆、无变异、无分离、无割裂的"二元统一。当然，H.R.尼布尔没有像经典的基督论那样只在基督里窥见了神与人超自然的连接，他把两种本质之信条的静态语言用两种历史的动态语言来置换，并在这个古老的规则里，找到一个说法，即它是关于历史里人神关系与神人关系中永恒的真理。神与人在基督里的二元统一中给出了神与人在任何事件中的关联方式。

但是 H.R.尼布尔的这个关于历史的两面性的说法，只能部分地启发启示是如何意味着过去与现在的事实的问题。而关于过去的事件是如何历史性的导出现在的经验的问题，需要在下面进一步探讨。

二、启示的历史传承

为了解决一些理解上的难题就把过去的事件看作是对现今的一种启示，H.R.尼布尔很直截了当地反对这种观点。他不把主观历史研究作为一种沟通过去的启示性事件与现在的启示性经验的桥梁，这一点与正统派的或是自由主义神学坚持的观点是相左的①。通过重构文化的、地理的、经济的和政治中的因果关系，对历史的研究就可以解释这种事件

①　Niebuhr, *Meaning of Revelation*, pp. 55 – 56，84 – 86，89.

的外在意义。通过在人类群体与社会里表现特定的潜力与倾向的描述事件的方式，可以描述出事件的未知部分。但是最终历史研究只是记录下了特殊的但绝不是唯一的事实，可能某个人会把某个事件与巨大的宗教意义联系起来，历史研究已经表现出了这种热情并在后来的历史中影响了文化、经济和政治的发展。这种历史的研究与解释，虽然对研究自身而言是有效的和重要的，但却无助于获取关于启示性事件的宗教知识①。

H. R.尼布尔也反对自由神学的这种价值方法以及新正统派神学的作为连接过去事件与启示当前经验的二元编年史。每种方法都声称是联系过去的启示与当前经验的一种历史方式，从而区别于学究式的历史研究。19世纪的自由主义者的典型方法是使用"永恒价值"（eternal values）的某个集合工作方法为对一个启示事件与永恒价值进行历史性探索的方法和准则。20世纪的新正统主义者使用了一个很特别的感知过去的方法，可以立刻领会一个启示性事件的内在精神与意义。

H. R.尼布尔从各种历史方法中了解并获取了许多，但他详尽地描述了关于历史与启示的两面论，尽管在字面上与许多历史方法有相仿之处，但是他既不是复制这些方法也不是简单地把它们糅合在一起。H. R.尼布尔发现，人们普遍地趋向于选择自由主义的价值方法和新正统派的关于灵魂的注释方法，这两者给出了启示为何是一个过去的事件而不是当前的在一个完全的历史观点的神学框架里进行研究的现实。自由主义者声称要使用不是自有的而是历史赋予的价值（永恒真理）来揭示历史中的启示；新正统派神学声称要通过阅读关于启示事件（经文透出的道）的特定书籍，从而拥有特定的感知历史的途径。H. R.尼

---

① Niebuhr, *Purpose of the Church*, PP. 120 – 23; *Meaning of Revelation*, PP. 63, 84 – 90.

布尔认为这两者都是对启示与信仰的彻底性的历史否定。

但是，简单地说，对 H. R. 尼布尔而言，当启示的内在意义被一个历史群体通过在公共的纪念物上或在活的生命体上展示出来时，一个过去的事件在当前就可以是启示的一个手段。H. R. 尼布尔把这个复杂过程称之为"历史记忆"（historical memory）①。尽管这一点对他的思想非常重要，他并未就在启示的现实中追忆启示过去的过程问题给出一个完全系统的解释。但是从尼布尔的著作里可以反映出该历史认识论的独特模式。

要从任何一个角度去了解过去事件的先决条件是能想到它，H. R. 尼布尔强调这个简单的事实，他还提倡用创造性地和评论性去分享共同思想的观点，这些是在理解所有过去知识时所必需的。他认为，任何一个过去的事件都不能从一个完全中立的或是无关的角度去认知。在追忆与被追忆的事件之间一定存在着某种共同基础，比如某种利害关系，而对这种公共基础实质的认识依赖于带有倾向性的历史认知。若是某人想要重构对一个事件的外在认识，他必须与那个与历史事件一致的公共基础相联系，这个基础可能是心理学方面的、社会学方面的，或是文化方面的基础。② 为了把一个事件作为启示来追忆，他必须参与到某个原先已知该事件的具有启示性的公共历史和信仰中去。

H. R. 尼布尔认为对历史和社会的知识具有一定见解的人，才有进行上述分享的可能性。对于一个具备公共历史与信仰的人，时间并不是一个断断续续的序列，并不是过去的已经消逝、未来的不能够考虑和把

---

① Niebuhr. *Meaning of Revelation*，PP. 59 – 63，67 – 73，86 – 88，91 – 93，125 – 28；cf. *Responsible Self*, pp. 175 –78.

② Niebuhr，*Meaning of Revelation*，P. 42.

握，时间是连续的①。过去的并未流逝，而是存储在记忆里；未来也并非不存在，只是蕴含在我们的潜能里。在我们的历史里，时间并不是外在于人们所居住的世界空间的另一个纬度，时间是生命与群体存在的一个纬度。不是我们存在于时间里，而是时间住在我们里面②。

对于 H. R. 尼布尔来说，时间是一个个体与群体存在的持续的内在概念，正因为如此，现在的存在依赖于记忆中的过去与预期中的将来。

但是随着一代代人的传递，要想维持记忆里的过去与预期中的未来，只有依靠具有共同历史与信仰的个人与社会的有机联系才能实现③。过去与未来在自我中传承，当许多个体在共同的事件里成长起来并拥有共同的意义时，他们自然才会在群体中融为一体。这个群体的历史和生活能被代代相传，并且远远超出事件本身会有的意义和最初组建这个群体的人们的预见。只要这个群体真正的持续代代相传讲述自己关于"生命的传说"（the story of its life），这些共有的含义就会引起群体里后来者的共鸣。

这样一来，H. R. 尼布尔验证了通过该历史群体中存留的记忆可以历史性地与一个过去的启示性事件进行沟通。但是这个源远流长的群体，如何辨别其现在的记忆与追忆出的过去呢？是什么保证这个群体不会遗忘那些使这个群体成为一个群体的最初含义呢？

当 H. R. 尼布尔强调群体记忆客观性体现的重要性并对这个源远流长的群体记忆进行批评性重释的时候，他同样遇到了这些问题④。换言

---

① Niebuhr, *Meaning of Revelation*, PP. 68 – 72, 110 – 31; *Responsible Self*, PP. 69 – 107.

② Niebuhr, *Meaning of Revelation*, P. 69; cf. , PP. 13, 110 – 31.

③ Niebuhr, *Meaning of Revelation*, PP. 7 – 22, 70 – 71, 110 – 31; *Christ and Culture*, PP. 241 – 49; *Responsible Self*, PP. 71 – 72, 77 – 78.

④ Niebuhr, *Meaning of Revelation*, PP. 89 – 90; *Purpose of the Church*, pp. 43 – 44, 86 – 87.

之，一个过去的启示性事件可能会通过公共纪念物（monuments）（符号、仪式或是文献）反映到现在，这些形式会客观地把过去的含义体现出来；也可能通过活着的人来反映，譬如信徒、教师、神学家等，他们会严谨地解释这些传承下来的记忆。因此 H. R. 尼布尔在说明宗教群体的记忆时并不依赖于关于圣经的超自然主义的早期理论（它并不认为过去的记忆依赖于源远的历史群体或者人类的评论性重释）或是新生的集体无意识之理论（它诉诸对过去的记忆，但不诉诸群体中的个体记忆）。

为保持被记忆启示的完整性，对公共纪念物和解释人的重要性理解是值得进一步研究的，因为这些研究包含了 H. R. 尼布尔对圣经、圣餐仪式以及传统惯例的看法。宗教群体通过某种宗教作品和仪式来说明他们的历史与启示性事件。尽管这些公共的纪念物并不是启示性的，但它们作为启示的公共媒介以及对其在群体的后代的传承具有不可或缺的意义。他描述道：

没有圣经与没有仪式上的有组织的教会，基督教群体的内在历史就不会继续，但是用文献来鉴定这个群体的记忆却是不可能的。尽管我们不能通过把我们的注意力引向那些具体化的历史事实而指向我们对启示的理解到底是什么，但是，如果没有具体化的历史事实，就没有内在历史的继续。没有思想的语言从来不可能进天国，但没有言语的思想也从来不可能留地球。况且，这就是我们生活的转变，以至于变成思想的言语在语言的媒介作用下又一次成了思想；变成肉身的言语在肉身的作用下又一次成了语言①。

----

① Niebuhr, *Meaning of Revelation*, PP. 89 - 90; cf. , pp. 50L - 51, 71, 148; *Purpose of the Church*, PP. 43 - 44, 86 - 87, 119 - 20; *Christ and Culture*, PP. 12 - 13.

对 H. R.尼布尔来说，一个群体的纪念物（比如文献与仪式）是一些永久的可能性存在，现在的社会能够通过它们把过去的启示事件当作启示牢牢记住。但是他们保持了仅有的可能性，直到他们的内在含义在这个群体里被完全地揭示出来并且被个体所使用，这些文献与仪式能会也将会在不同情况下和从不同的角度被不同地理解。因此，这些生动形式上的言语是启示的载体，只要他们能够被一个由多个自我构成的群体理解和消化，这个群体就会拥有相同的内在历史，实际上，他们就源自这样的一个内在历史①。

出于这样的原因，H. R.尼布尔认识到了一个群体的传统与经文及圣餐仪式之间有着不可分割的联系②。他对传统的这一实质性与功能性的认识方法来自他对所有经验的历史及社会特征的理解。不像天主教与新教经院哲学所理解的那样，对尼布尔来说，传统不是社会组织教条式的规章以及一成不变的礼拜仪式构成的一个刻板结构；相反，传统是所有人类所必需的"可改变习惯的动态结构"（dynamic structure of modifiable habits）。它是一个生动的社会过程，"时常变化、时常需要评论、但是也时常作为一个社会的连续的记忆、价值体系和习性结构。"③对于基督教社会，圣经与圣餐都是传统的基本介体。

这些"原始文献"（primary documents）包含了原始社会用来领悟和梳理其在启示性事件影响下的经验逻辑和语言。但是，基督教社会的连续性记忆、价值体系以及习性结构，也事实上都受到当代的基督教社

---

① Niebuhr, *Meaning of Revelation*, p. 31.

② H. Richard Niebuhr, "*Issues Between Protestants and Catholics*," Religion in Life 23 (1954)：203；*Meaning of Revelation*, PP. vii – ix；*Purpose of the Church*, p. 25

③ H. Richard Niebuhr, "*Issues Between Protestants and Catholics*," Religion in Life 23 (1954)：203；*Meaning of Revelation*, PP. vii – ix；*Purpose of the Church*, p. 25

会的参与者对于圣经与基督教圣餐的批评性重构的影响。现在的社会与个体经验、科学的与哲学的理解都要求教会能够回答关于圣经与圣餐的新问题，并且能够理解其在新条件下的相似沟通①。通过不断地对其现存的记忆的重新思考和研究，以期求得合适的范式与模型。基督教社会正是这样保持着与启示性事件的沟通，也是这样依赖于启示性事件的。

尽管前面已经充分地描述了 H.R.尼布尔的上述立场，但是关于社会历史记忆的保真性的问题或许依然不能消除。的确，最终会有什么能够保证某个时间、某个教会在以往未曾并且将来不会曲解启示的含义？尤其是每个新的说法都是由一个不完全的人、有罪的人提出来的。所以 H.R.尼布尔只能对这样的遗留问题说"不"，因为没有这样的最终保证。仅有的最终保证是对上帝充满信心，他给了我们会拒绝错误的发生以及会在我们的时间和地点用启示帮助我们领悟真理的应许。无论我们的失败是否是一系列制约或者反常发生作用的结果，但 H.R.尼布尔的确看到两个为了消除所有关于公共记忆可能落空的核查。

第一个核查是基督教圣经经文表述的纯粹的"假设"的启示化身。H.R.尼布尔承认启示事件在经文自身里有多种回忆，虽然都与社会的传统无关，"但总是会保留最原始的肖像，所有后来的图像可能会被与之比较，或是所有的模仿都会得到纠正。"②

在回忆启示性事件时，第二个紧接着的核查是为了排除彻底错误，由整个信徒群体、不论远近、过去还是现在、所提供的修正与确认③。

---

① Niebuhr, *Purpose of the Church*, PP. 88 – 89, 120.
② Niebuhr, *Christ and Culture*, PP. 12 – 13; *Purpose of the Church*, P. 30.
③ H. Richard Niebuhr, "*The Norm of the Church*," Journal of Religious Thought 4（1946）：8 – 15; "*The Gift of the Catholic Vision*," PP. 507 – 521; *Meaning of Revelation*, PP. 20 – 21; *Christ and Culture*, PP. 231 – 56.

对 H. R. 尼布尔来说，启示的意义更多地在于整个信徒或是理解者的群体——动态互补、对立多样性的群体，而不是在于任何一个个体或聚会或是教会中的团体。教会就是一个"为着尘与光相互萃取的社会"（society for the mutual extraction of motes and beams），对每个特殊的启示性事件的重新解释都应该在一般的对话中得到保证，也应该被检验，为着修正和确认以及反驳那些分享和谈及这个启示的人①。

最终，H. R. 尼布尔相信，那些对圣经优先权和普通的对话的呼救是对扭曲启示意义的最有力的最持久的核查，但是保证最终的、原始的和当代的启示之经验的连续性与保真性的核查，这一切基于在启示中贯穿始终的上帝。

尽管开篇就提到 H. R. 尼布尔是一个神学家，但他主要关心的却是神学反思的哲学方法论问题。就像上面描述的那样，他的神学因此似乎异常地抽象，具有非常的一般特性。在这点上毫无疑问，任何这样的印象都是由于重述造成的，这是他基于必要性的考虑所采取的方法。他这种重述包括了大量的素材并且使其系统化，这种系统化的高度概括才使他的思想具备了一般特性。然而，H. R. 尼布尔的关于启示与历史的分析，尽管在构思时借用了基督教的启示，但他的目的仍然是阐明一个具有独特历史和信仰的群体是如何传承启示的。幸运的是，H. R. 尼布尔的关于启示的反思不仅限于解决启示与历史的宏观问题，也更具体地、充满热情地论述了基督教的启示和信仰的关系。他的见解并不是系统发展起来的，但仔细阅读并且对他建设性的素材重新整理之后，就会发现他对上帝、自我和邻人的深刻见解，这些见解就像人们对基督教信仰的认识一样意味深长，促人深思。

---

① Niebuhr, "*Evangelical and Protestant Ethics*," p. 212.

第三节 关于启示与信仰

对 H. R. 尼布尔来说，基督教群体是从耶稣基督的事件里得知他关于上帝、自我与邻人的生命与思想的群体。但对基督教群体来说，如果通过一个具体的个人与传说来表达他们对基督教的信仰，那么他们观点中的社会学的必要性或者是教育学的优势就没有 H. R. 尼布尔看到的东西更深刻、更具实质性。当然，就像世界上别的宗教里的主角，或是受膜拜的英雄那样，耶稣基督在基督教社会里就是这样的一个更深刻、更具实质性的角色。

H. R. 尼布尔关于宗教的历史与社会学研究受到了恩斯特·特勒尔奇的启发，这使得他从一个严格意义上的人的角度去领会和理解对耶稣基督口头的与礼拜式的描绘是如何在时间与环境的变迁中保持基督教社会的特性的这个问题①。他从符号语言的重要性中受到了启发：耶稣基督的生命、死亡和复活正是一个完美的比喻，这个比喻能够在基督的思想与生命里阐释整个人类历史和自然过程②。

因此，H. R. 尼布尔十分赞同耶稣基督是教会群体生活和宗教理解的符号中心，但是他同时也认为，基督教社会在其历史与信仰里过分地诉诸耶稣基督，其原因也已经超出了关于耶稣基督的传说的实际效力和

---

① Niebuhr, *Meaning of Revelation*, PP. 50 – 51, 71, 89 – 90; *Purpose of the Church*, PP. 43 – 44, 119 – 20.

② Niebuhr, *Meaning of Revelation*, PP. 109 – 110; *Responsible Self*, PP. 154 – 59. Especially see Niebuhr's three articles on war："*war as the Judgment of God*," PP. 630 – 33；"*Is God in the War?*" pp. 953 – 55；"*War as Crucifixion*," pp. 513 – 15.

社会效用。无论在过去还是现在，通过把"自然信仰"改变成"彻底信仰"，耶稣事件都能对人类存在提供一种新的理解以及提供一个新的除上帝之外的人的关系的新次序，这是基督教信仰诉诸耶稣基督事件的原因①。

一、对自然信仰的病因分析

在检验和描述人类生活的最典型的表现和一般结构时，H. R. 尼布尔主张信仰与人类生活共存。他由此提出了如下主张：

人类是受造之物，因此不能也不可以过无信仰的生活。(Men are so created that they cannot and do not live without faith.)②

不论正义的非正义的，只要活着，都是因信得生。(Not only the just but the unjust, insofar as they live, live by faith.)③

生活就是使用规则，也是用信仰的行动来坦白我们的存在价值。(To live is to use standards and to confess in action our faith in the existence of values.)④

只要一个人活着，为了他所生活的，他肯定要相信一些东西；若对任何事物都失去信念，人就无法生存。(As long as a man lives he must believe in something for the sake of which he lives; without belief in something that makes life worth living man cannot exist.)⑤

---

① Niebuhr, *Meaning of Revelation*, PP. 46 – 48, 138 – 41, 148 – 49; *Christ and Culture*, pp. 254 – 55; *Radical Monotheism*, pp. 42 – 44, 124 – 25; *Responsible Self*, PP. 143 – 44, 155 – 56, 177 – 78.

② Niebuhr, *"Evangelical and Protestant Ethics,"* p. 222.

③ Niebuhr, *Radical Monotheism*, p. 1 17.

④ H. Richard Niebuhr, *"Life is Worth Living,"* Intercollegian and Far Horizons 57 (1939): 4.

⑤ Niebuhr, *Meaning of Revelation*, p. 77.

这些主张表明：这样或那样的信仰形式是人类信仰方式的不同表现。

H. R. 尼布尔注意到，信仰的方式总是以下面两种代表性的方式之一来表现：作为一个独特的认知方式的信仰，或是作为一种关系结构的信仰①。前者意味着，信仰被刻画成是心智对真理的认同或是对终极真理的直接体悟。后者把信仰作为被某种超越了他们自身之上的价值和责任所凝聚起来的人与人之间的具有一定结构的关系。H. R. 尼布尔看到这两种方法里正确的东西，因为信仰总是包含着知识与关系，但是他主张其中的关系比信心和想象更为基本也更为广泛。因此，他认为信仰首先是一种关联方式，其次才是一种认知方式。信仰是一个人与人之间关系的结构，他会在所有人的实践与理论的行为里表现出来。

更确切地说，H. R. 尼布尔把信仰定义成一个'信任—忠实'（trust – loyalty）关系的三元结构（triadic structure）：

在分析这种意义下的信仰的结构与实质时，我们必须被包含到一个动态的人与人之间之作用的检验里，这里不是只有两个内容，而是三个内容——自我、他人，还有原因（the self, the other, and the cause）。这里也不止一个能保持这种结构的回应（例如，信徒之间的信任），而是信任与忠实这两个回应。这两个回应从两个方向来——朝向对方，也朝向公共原因②。

H. R. 尼布尔为了强调这个三元结构，经常谈及这个动态的三元结构的某个方面或双向运动。例如他有时候谈到两个人之间的信任—忠实

---

① Niebuhr,"*On the Nature of Faith*," pp. 93 – 102.

② Niebuhr,"*On the Nature of Faith*," P. 100.

关系①，有时候却谈到某人和他自我的价值中心的信任—忠实关系②。但是 H. R. 尼布尔总是在人与他们的原因之间的相互关系的三元结构内将各个部分组合起来③。

这三个概念（自我，他人、原因）（the self, the other, and the cause）都包含在信仰之现象里，但是这里处于中心的决定性的因素是原因④。这个信仰之三元结构的"终极"（terminal）因素决定了三元结构内部关系的质量与范围。尽管生命中潜伏着冲突的和竞争的诱因，但其中的某些总会变得突出。作为获得所有价值和被设定职责的根源，这个突出的诱因就相当于个体和社会存在的基础。用宗教的话来说，由于它能保证生命的价值，决定生命的意义，因此这个绝对化的原因起着上帝或是众神的作用。

那么，我们从信仰、信心，或是信任某种东西的普遍经验开始的讨论已经触及神性的问题。路德在以前就这么想，他曾问到"拥有一位上帝意味着什么？或者是上帝为何？"并且又给出回答："心灵的信靠与信仰可以产生至善和偶像，因为信仰与上帝这两者总是一体的。只要你的心依赖什么，并且信靠他，那这个就应该是你的上帝了。"⑤

简言之，因为人们都生活在对某个"神"的信仰里，所以人类生命在所有的思想的、情感的和活动的表达都有其宗教基础。

---

① Niebuhr, "*On the Nature of Faith*," *Radical Monotheism*, PP. 16 ff.；*Christ and Culture*, PP. 252 ff.；*Responsible Self*, PP. 83 – 89.

② Niebuhr, *Radical Monotheism*, PP. 16 – 23，110—11，118；*Responsible Self*, PP. 119 – 21.

③ Niebuhr, "*The Triad of Faith*," P. 8；"*On the Nature of Faith*." pp. 93 – 102；*Radical Monotheism*, PP. 16 – 23；*Responsible Self*, PP. 79，118 – 21.

④ Niebuhr, *Radical Monotheism*, PP. 24 – 37；*Meaning of Revelation*, PP. 94 – 104；*Responsible Self*, PP. 108 – 126.

⑤ Niebuhr, *Radical Monotheism*, p. 119.

但是 H. R. 尼布尔在这类自然信仰里看到的到处都是悲剧，因为人类由着原因而信靠的自然信仰是有限的，这些有限的神灵不能传达无限的信息或者开启人的生命。他们只能保证生命一时的意义，只会诱导产生令生命残缺的一些狂热。因此，H. R. 尼布尔说："我们开始意识到我们的信仰与信仰里的众神的两个特征：从社会角度讲，信仰将我们在内部区分开；但是我们的神却不能救我们脱离无意义式存在所导致的最终毁灭。"①

H. R. 尼布尔从他对关于自然信仰的两个主要的病理形式——"独尊一神论"（henotheism）和"多神论"（polytheism）的分析里指出，信假神会使得个体的和社会的存在土崩瓦解。出于对独尊一神论的信仰（henotheistic faith），一定的社会单位或价值观（如家庭、国家、教会、文明、甚至人性等）会灌输给其成员这个价值概念，并且要求其成员为此付出。多神论信仰的价值存在于对诸多事务中心（如健康、声望、财富、乐趣）的依靠，把他们的忠诚分散其中。

信仰的这两个病态形式（pathological forms）在个体的生命中是可转换的，但最终不可能带来个体与社会的整合。与一神论者对神的狂热相比，多神论对个体和社会存在的影响似乎更加宽泛②。多神论的多价值中心和其分散的忠诚明显使得生命支离破碎、不再完整。在多神论信仰里，个体和社会只是没有一致内核的行为与联系的集合。

H. R. 尼布尔看到，与多神论的个体和社会的这个多元结构相比，一神论信仰使得个体与社会的相对性趋于一致。一神论者把社会性竞争的利益与冲突层次性地组合了起来，根据个体能力去强化这个如同诸神

---

① Niebuhr, *Radical Monotheism*, p. 120.
② Niebuhr, *Radical Monotheism*, PP. 25 – 37; "*Man the Sinner*," pp. 278 – 79.

一般的信仰来行使"封闭的社会"（closed society）的功能，但是这个一致性也恰恰导致其远远超过多神论对信仰带来的破坏性。把某个封闭的社会绝对化（不论是伦理的、政治的、宗教的）之后，在他们眼中那些被排除在群体之外的人从好的方面说就成了实现群体目标的工具，从坏的方面说成了群体存在的威胁。比如，在一神论为信仰主体的历史时期曾是人类历史上最残忍和最富侵略性的时期。此外，一神论表面上的团结总是被内部或外部的冲突所侵蚀，以至于在一神论中没有个体和社会存在的持久的中心①。因此，对尼布尔来说，人类的神，不论是多元的还是社会的都是自我分裂的，并且疏远了其信众。

　　在 H. R. 尼布尔看来，自然信仰的诸神没有能够给生命以真正的整合和持久的意义，这个失败隐含着某些超出其极限的更为基本的原因：自然信仰中诸神不可避免的崩溃与随之而来的破坏性最终都是一位唯一真神裁决的显现②。神的裁决并不仅仅针对启示录里末日来临时的危机，或者在末世论里的履行，对处于限制和冲突之中和处于痛苦和失去之中的人的生命的裁决是上帝的作为。然而，这个裁决都是以救赎为结局。因此，上帝不断地使那些信仰自然信仰之神的人和群体陷入混乱，为了引领他们走永不分裂和死亡的彻底信仰之门而不惜让他们遭受巨大的痛苦。

　　这表明 H. R. 尼布尔把人类的痛苦放置进了一个基本的救赎背景。如同前面提及的，在一个被痛苦和创伤毁坏的世界里，神的大能与至善的问题距 H. R. 尼布尔关于个人的和神学信仰的挣扎中心已经不远了。的确，他在所有宗教的中心地带看待"约伯"的问题，倘若上帝是独

---

①　Niebuhr, *Radical Monotheism*, PP. 35 – 37，56 – 60，75 – 76；*Responsible Self*, PP. 140
　　– 41.

②　Niebuhr, *Radical Monotheism*, PP. 122 – 23；*Responsible Self*, PP. 139 – 41.

一的、全能的主，那么为什么他的至善没有在一个受到悲惨压迫的世界上更为明显地显现呢？倘若上帝是独一的、是处在所有存在的中心的上帝的话，那么为什么他的权力在一个邪恶的世界上没有显得更有效力呢？这个亘古的难题遍及基督教历史的各个时期。

不像先前的自由主义神学家们那样，H. R. 尼布尔不从假定上帝是至善的这个角度出发来考虑这个难题。他确信，信仰的最终定论是上帝是至善的，并且 H. R. 尼布尔坚持这个信念是不可战胜的。全能的上帝必定是至善的上帝——他不受善恶的局限，在生与死之间实现他的目的和建立他的国度。因为在 H. R. 尼布尔看来，给上帝添加一丁点儿的能力和善都会有损彻底信仰的彻底一神论——神的奇妙和无上权力。

这条通往痛苦和邪恶道路的问题，清晰地反映在 H. R. 尼布尔经常性地提到的阿尔夫雷德·诺思·怀特海（Alfred North Whitehead，1861 -1947 英国著名过程神学家，哲学家）的宗教格言的暗示里："这是一个从上帝虚空到上帝敌人、再从上帝敌人到上帝伙伴的过程转换。（It is the transition from God the void to God the enemy and from God the enemy to God the companion.）"① 怀特海意欲用他的模式来勾画出宗教进化的各发展阶段，而 H. R. 尼布尔把这种转化作为宗教的"经验逻辑"（experiential logic），即每个宗教都在寻求一种群体的、来自对生命内核的、根本的、不完全的和新奇的感知。的确，所有宗教信仰和所有文化都是为了用持久的物质和意义来填补这种虚空而做的努力。不幸的是，这些努力最终既无效果，又不持久，它们坍塌到了它们在企图扫除的虚空里，这只是迟早的事，因为自然宗教和文化存在都是从无到无的循环而已。

---

① Niebuhr, *Radical Monotheism*, pp. 123 - 24.

　　然而面对悲伤和死亡，人类首先是把它们更多地归因于无情的敌人，而不是冷漠的世界。正如我们经历到的，有限的生命和爱不是偶然会死——而是注定会死，总会有一种肃杀的感觉在生命里游荡，这便注定要使得来自虚空的所有东西重归虚空。所有的自然宗教，无论采用个体、社会，或者文化的形式，都是企图逃脱或是安抚这种报应的来临，但是没有什么能成功地驱散人和所有有限之物的"落入无情与黑暗中的缓慢的、必然的末日"感 ①。

　　H. R.尼布尔认为这个严酷的现实不是生命的唯一进程，也不是信仰的唯一缘由。一个彻底信仰者能把这个死亡的循环转变成生命的一次旅行，这对人来说并非虚妄。不像自然宗教，彻底信仰确实修订和重释了现实的残酷性。彻底信仰者看待和理解虚空和敌人根本就是一回事——他们就是上帝的同伴，如果我们不信靠上帝，它们就不会让我们安息。虚空和敌人是无限的，是包容和爱的展现，它击破所有并占据了所有有限的中心和循环。这些"监护者"们驱使并引导着我们与上帝和邻人建立一种关系，借此才可摆脱死亡和分裂。

　　H. R.尼布尔对人的罪恶与上帝的拯救的理解就存在于这个沉静的但又十分壮观的景象里。罪恶像是自然信仰的错误信仰，但是这个错误信仰的问题不在自然信仰中神的范畴之内，就像有限的爱和忠诚本质上就危害到神并与神对立一样。可以这么说，自然信仰的麻烦在于它用一些有限的热情和责任替换了无限上帝能独自提供的东西：一个绝对的、包容的、能赋予所有有限存在已存在价值的导源。人的罪恶就来自于对有限的益处和理想的无限承诺的自然信仰。相应地，上帝的救赎是为了用彻底信仰里单一地对上帝的热情和责任，去排除自然信仰里盲目地崇

———————————

　　① Niebuhr, *Radical Monotheism*, pp. 124 – 25.

拜和偏激的许诺。并且，在 H. R. 尼布尔看来，这种清除明显是一种废黜，而不是对有限益与理想的毁坏。彻底信仰仅仅要求所有有限的爱与忠诚是出自对无限的总合与导源的顺服和维护。

然而，为完全揭开 H. R. 尼布尔对人类信仰的自然无序化观点和根本有序化观点，就有必要进一步讨论为什么人们仍然偏爱有限的爱和忠诚的问题。虽然人的理想显然是不完美的，并且是注定要消逝的，为什么人们这么固执地紧紧抓住并且忠实地服务于这些理想？这些问题点出了自然信仰之病理意义下自然信仰的根本动机与意义。最后，H. R. 尼布尔说，人类因为不相信上帝的至善、否认上帝的动机、从而转向有限的事物和有限的社会。所有自然信仰的核心处都弥漫着一种对蕴含在所有存在物中的有关生死的终极力量的深深的敌意和怀疑，都是要逃离或是对抗使之生又使之死的"恐怖的上帝"（Terrible God）①。同样，由于彻底信仰是要人去信，而不是要人不信，是去顺服这个终极力量，而不是去挑战它，因此自然信仰正是彻底信仰的一个反面教材。所以从自然信仰转变成彻底信仰是一个单一的、永恒的接受上帝的过程——也即是把虚无和敌人变成同伴的过程。

对 H. R. 尼布尔来说，这种调和不是由不信、不忠的受造物引发的②。罪人不可能把他对自然信仰中的神的信任转成对上帝的信任，也不会把他对不完全理想的忠诚转化成对完全理想的忠诚。但是 H. R. 尼布尔指出在所有的历史事件里，上帝掌握使人与所有受造物顺服他的主动权。作为一个他的神学朝圣目标，他写道：

那又怎么成为可能呢？信奉上帝，把他作为不可战胜的爱和补缺；

---

① Niebuhr, *Responsible Self*, pp. 142 – 45.

② Niebuhr, "*Man the Sinner*," P. 279; *Radical Monotheism*, pp. 124 – 26; *Responsible Self*, PP. 143 – 44, 175 – 76.

在他有目的的创造和在他的工作中所显现的荣耀里我们充满信心；我们称之为伟大的"它""我们在天的父"——显示了一切的奇迹。在人看来之不可能已成为可能，在他的事业里，也就是全备的救恩里，他征召这些多疑的生命，这些具有人性的动物，也就是我们自己。我曾看见，并且现在也可看见，通过与耶稣基督的交通，奇迹就在我们身边。在耶稣基督的历史事件里，人与上帝得以和解，人与人得以和解了①。

按照 H. R. 尼布尔的观点，耶稣基督是如何既顺服上帝又顺服人的？由于尼布尔认为罪恶就是假信，脱离了罪的救赎就意味着从自然信仰到彻底信仰的转变，耶稣基督通过调解彻底信仰来既顺服上帝又顺服人。

二、彻底信仰的中保

根据信仰的三元结构，H. R. 尼布尔试图解释作为人的耶稣基督和他的事工。耶稣其人的自我总是与上帝、邻人按照存在、价值、认知这个顺序而动态相关的，或是消极地，或是积极地关联着。这就意味着对个人与上帝和邻人的关系质量的理解是彼此紧密联系的，没有此者的重铸和改造，就不会有彼者的更新与修正。换句话说，自然宗教的偶像崇拜和派系关系是一个有缺憾的三元结构，只能被彻底信仰的具体经验和历史实证所颠覆。因为这些可以体现对上帝绝对至善的信任和对上帝的普世拯救的忠诚。但是这个发现是超越罪体的，只有当罪体摒弃猜疑和敌意并与上帝及邻人建立关系时，罪体才可以理解并使用彻底信仰。反过来，一个能够体现和传递彻底信仰的邻人也是必需的。在基督教历史上，对基督教信仰而言，这个邻人不是别人，正是耶稣基督。

---

① Niebuhr, "*Reformation：Continuing Imperative,*" P. 249, italics mine. Cf. *Responsible Self*, PP. 143 – 45, 174 – 78; *Radical Monotheism*, PP. 43 – 44, 59, 124 – 25; "*The Triad of Faith,*" PP. 9 – 10; *Meaning of Revelation*, P. 154.

这里，H.R.尼布尔认为，耶稣基督是最具权威的邻人，是他才使得在基督教群体中确立了彻底信仰。尼布尔知道称耶稣基督为"邻人"的危险，因为一些人错误地认为这样的解释就是说耶稣基督只是一个人而已①。他的确是揭示了一个在基督教思想里总是被忽略和模糊化的信仰事实，但是他并没有否认耶稣基督的神性。在H.R.尼布尔信仰的三元结构里，揭示的中心就是对耶稣基督的彻底信仰。若是没有对耶稣基督对上帝的可靠性和忠实性的确认，彻底信仰朝向邻人的忠诚和对上帝的信任都是不可能增强的。换句话说，只有通过耶稣基督，也只有在了解了什么是真正的人时，才会知道什么是真实的上帝。因此，耶稣基督的彻底信仰能立刻协调彻底信仰中的人神关系。

根据经典基督神学的规则和讨论，H.R.尼布尔认为耶稣基督是两种意志的结合（人、神的意志结合，the prosopic union of the human and the divine），而不是两种属性的结合（人性与神性的实体的结合，the hypostatic union of the human and the divine）②。但是H.R.尼布尔的基督教神学不像其他基督教神学那样强调耶稣的具体人性，他既不是人子，也不是神子。H.R.尼布尔也没有说耶稣通过个人决心和道德操守成为境界最高的老师和基督教生命的典范。固然，他也设想耶稣是一个真实的人，作为一个真实的人的对上帝的回应，履行了一个真实的人的天职。但是这与一般的基督教神学不同，H.R.尼布尔对耶稣与上帝和邻人关系的说明并不是模仿个人主义和自愿主义的关于人类天性与宗教经验的观点。人类生命和信仰恒为一个自我、邻人和上帝之间的互反关系，其中上帝是预设的，也是原动力。在这个动态的三元结构里，

---

① Niebuhr, *Purpose of the Church*, p.34.

② Niebuhr, *Christ and Culture*, PP.14, 29, *Responsible Self*, PP.136, 160 – 63.

H. R.尼布尔的基督教神学解释了耶稣在上帝和每个邻人那里的作为，这也是对上帝在耶稣和每个邻人那里作为的忠实的反映。从这个预设和反映结构里，他可以说耶稣基督就是真实的人性和真实的神性之中保。

耶稣基督通过彻底信仰的道成肉身展示了真正的人性的中保。H. R.尼布尔特意用了"道成肉身"一词来指代这个在人类生命里对上帝的至善的独一信任和对上帝创造之物普遍忠诚的具体表现①。他认为，彻底信仰似乎只有在古希伯来人的生命里有模糊的体现，但在耶稣基督身上明明白白地展现了出来。"耶稣基督对万物之主的无上信心如同天父对受造物的慈爱一般，对生命国度的无比忠诚，似乎并不受世间的不信任和伪忠的限制。②"耶稣认定上帝对他和万物的完全忠实，因此他也以对上帝绝对相信和以对上帝所造之物的忠诚作为回应。

由于信仰渗透到实践行为和理论行为的方方面面，H. R.尼布尔发现耶稣基督的彻底信仰不仅仅表现在话语上，还表现在行为上③。尽管他没有广泛地使用新约的内容，他所采取的方式在几个关于耶稣基督的生命与死亡的简要讨论中已经表明，以此来指出耶稣基督的信仰'现象'中的'实质'。例如，H. R.尼布尔从基督和文化里挑选爱、希望、顺服、信仰和谦卑这些"美德"来表明耶稣基督对上帝仁慈的彻底信仰与对上帝作为的彻底忠诚。同样的信心与忠诚在耶稣基督的死亡这件事里有着更为清晰地和确定地表达。即使被钉十字架也不能丝毫损伤他对上帝及其所造之物的信任，也不能转移他对每个邻人的忠诚。或者说，在可靠的本性里，H. R.尼布尔通过耶稣对自然事件、人们之间的

---

①　Niebuhr, *Radical Monotheism*, PP. 40, 44 – 48; *Meaning of Revelation*, PP. 109 – 137; *Christ and Culture*, pp. 191 – 96.

②　Niebuhr, *Christ and Culture*, PP. 15 – 29; *Responsible Self*, p. 144.

③　Niebuhr, *Radical Monotheism*, p. 42.

关系、个体的痛苦的诠释和反应来探究彻底信仰的表现①。换句话说，根据 H.R.尼布尔的解释，耶稣通过他自己的彻底信仰传达的真正的人性，是一个思想与实践、生与死状态的真正具体的体现。

按照他的观点，信仰是一个围绕自我、邻人与上帝的动态的三元结构，他强调了对耶稣基督信仰的回应，不应该只是对耶稣基督的信仰。当然，在 H.R.尼布尔的框架里，耶稣基督的确支配着人的信任和忠诚，因为他自己首先在人们中间是一个可信赖与忠诚的人。但是作为一个活在人们中间的人，耶稣基督并没有为他自己寻求那些仅属于上帝的信任和忠诚。在此 H.R.尼布尔很清楚，流行的神学和个体的虔诚经常简单地将上帝和耶稣混为一谈，他把这个上帝降为耶稣基督形象的信仰叫作"基督一元论"（Christomonism）。然而，尽管这种看法有一定的影响，并且在基督教的历史里一直延续，但 H.R.尼布尔确信它对神学研究和人们的信仰是有害的，实际上非常有害。他甚至称这种神学和信仰的虔诚是盲目崇拜，因为最终关注在对耶稣基督的信仰和崇拜上的信仰严重地损害了上帝的权力，也鲁莽地夸大了教会的信仰。

同样，H.R.尼布尔清楚他自己的主张只不过是宗教的现代革新②。基督一元论与全部圣经的见证、三位一体思想和彻底信仰都是相悖的。从圣经上讲，对上帝和耶稣的确认基于新约中相对的少数几节。更为重要的是，这个选择性的诠释与圣经里耶稣关于自己的使命和与上帝之间关系的表述有所冲突。圣经里的耶稣刻意将自己与上帝区分开来③。此

---

①　Niebuhr, *Christ and Culture*, PP. 14–29, 254–55; "*The Triad of Faith*" PP. 9–10; *Responsible Self*, PP. 165–67.

②　Niebuhr, "*The Doctrine of the Trinity and the Unity of the Church*," pp. 374–76.

③　Niebuhr, "*Reformation: Continuing Imperative*," p. 250; *Purpose of the Church*, PP. 31, 45–46; *Radical Monotheism*, PP. 57–60; *Responsible Self*, P. 86.

外，他认为基督一元论对旧约的使用在于它仅仅指出了耶稣基督是一个犹太信仰，这是对基督教经文的扭曲。

同时，基督一元论也是与三位一体思想相矛盾的①。尽管使用了不同的分类，H. R.尼布尔断言维护三位一体思想的存在论和认识论的实质是非常重要的。从本体论上讲，三位一体思想认为，与耶稣基督关联的上帝就是主宰自然界的那位上帝，他也是处在个体和社会的经验里的那位上帝。从认识论上讲，三位一体思想坚持不可分割性，即耶稣基督认识神的方式与其他受造之物、个体和社会经验里认识上帝的方式是一致的。

基督一元论——倾向于一个"三位一体的第二人称的上帝一位论"（Unitarianism of the second person of the Trinity），它会削减这些关系。从存在论上讲，基督一元论趋向制约上帝在历史里或是在个体经验里的作为，因此忽视上帝是自然之主的重要性。结果呢，创造和文化会被象征性地对待，最好情况是会被作为救赎的引子，最差会作为救赎的对立面。因此，基督一元论不能启发人了解上帝在历史和自然中的作为，它也不能应对人类责任、痛苦、和命运等更深刻的问题。从认识论上讲，对耶稣基督是如何认知上帝的，或者现在的经验是如何体现到上帝的这种问题，基督一元论不能给出不同于圣经的或是启示的实证主义的、令人信服的答案。

最后，基督一元论与彻底信仰相矛盾②。H. R.尼布尔相信用基督的权威取代上帝的权威会经常导致自卫性的与自命不凡的单一神论。这有些讽刺意味，因为教会很清楚犹太教的特殊神宠论（particularism）

---

① Niebuhr, *Purpose of the Church*, PP. 31, 45; *Meaning of Revelation*, 183 – 85.

② Niebuhr, *Radical Monotheism*. PP. 57 – 60; *Responsible Self*, p. 172; "*Reformation*: *Continuing Imperative*," p. 250.

的特点。尽管知道这点，但教会仍然一再地把它的历史的启示绝对化，并因此把基督教社会所知晓的上帝转化成基督的上帝。这种调换不可避免地把来自神的呼招、侍奉的拣选变成一种地位的保证，使得从每位邻人而来到牧师的那里的忠诚偏离正确方向，并且把上帝的救赎行为限制在"神圣的历史"（holy history）中，也否认了上帝在任何事件里的救赎行为。

总之，H. R. 尼布尔发现，在所有这些对上帝和耶稣基督的简单的认定和所有这些认为上帝只给耶稣基督以启示和救赎的观念中，都看不到圣经里的真理、三位一体的洞见和彻底信仰的影子。H. R. 尼布尔提倡忏悔式的神学方法，这就肯定了上帝在耶稣基督身上的救赎和启示性的作为，但是这种作为并不仅限于被一个历史群体铭记的历史事件。仅是这么一个忏悔式的方法就可防止教会落入用基督教的启示、宗教和伦理来代替上帝的这种歧途①。

当然，H. R. 尼布尔对基督一元论的批评也得到了迦克顿信经（Chalcedonian Creed）的支持，迦克顿信经规定了神与人的本质是"无混淆、无变异、无分离、无割裂的"联合。但是迦克顿信经的形而上的语言没有把信徒与真正的人、耶稣基督的人和通过耶稣基督表现的真正的神性之间的关系所蕴含的问题清楚地分类。而 H. R. 尼布尔通过给出一个对信仰的三元结构的观点和他对基督神学的主要分类，启发了在既不能把耶稣等同于上帝，又不能引导人把最终的信任给予耶稣时，信仰是如何在过去和现在与耶稣联系起来的问题。在基督教社会里，人的至高信任和忠诚要给予确定的邻人耶稣，但是绝对的信靠和忠诚只能献给上帝自己。

---

① Niebuhr, *Meaning of Revelation*, pp. viii—ix.

这里彻底信仰之巨大的障碍已经凸现。耶稣基督之死是那么的不体面，人们如何信任耶稣所信的上帝？人们如何忠诚于耶稣所忠诚于的事业？相信的、忠心的耶稣基督所遭受的磨难难道不是增加，而是消除人对上帝神性的怀疑、对上帝作为的不忠吗？面对这种巨大的困惑，H.R.尼布尔宣称："除非万物之主对耶稣这个如此忠诚于他、如此忠诚于他的追随者的人的忠实也临到我们这里，就像他曾经对待耶稣的那样，否则我们不能相信上帝"①。如果是死亡和虚空决定着他的信仰，不论是凭其模范的英雄主义，还是其悲剧之美，耶稣基督的彻底信仰本身是无力产生别人的彻底信仰的。因此，H.R.尼布尔称耶稣基督目的正是为了展现和传达何谓神的疆域、何谓人的信仰。

正如上面所说，彻底信仰中上帝与邻人的关系不能从神的至善和诚实中抽象出来。但是上帝不是只在人的能力不及之处或是人的努力配得奖赏之时才会接近人。在 H.R.尼布尔的理解里，上帝不是机械之神（deus ex machina），也不是个有条件的施予者。当人去接近上帝的时候，上帝总是如同预设般地在人的周围。因此，耶稣基督作为彻底信仰的道成肉身者，总体来看就是人对"上帝的主动性"的回应②。

但是 H.R.尼布尔正好看到了由十字架所引出来的上帝的主动性与人的回应的自相矛盾问题③。如果耶稣基督的彻底信仰没有可信赖的被重视的基础，那么十字架作为历史上最痛苦的符号，意味着给予人类的所有东西最终会丢失，以及最终由他来承担负担的不公正——十字架揭

---

① Niebuhr, "*The Triad of Faith.*" P. 10.

② Niebuhr, *Responsible Self*, PP. 108 – 126, 161 – 78: cf. D. M. Baillie's "*paradox of grace*" in *God Was in Christ* (New York: Charles Scribner's Sons, 1948), PP. 1 14. 32.

③ Niebuhr, *Meaning of Revelation*, P. 166; *Christ and Culture*, pp. 254 – 55; *Radical Monotheism*, PP. 123 – 24; *Responsible Self*, PP. 176 – 77; "*The Triad of Faith*," p. 10.

示的是事物核心处的不可避免的破坏和无辜的受难。在这绝望的边缘，
H. R. 尼布尔宣布一个关键的因素，即在这个关键的时候，上帝的至善
和诚实在彻底信仰中产生了：

　　对我们之中的一些人来说，在耶稣基督的十字架里，在这样一个信
任上帝并像儿子一样对他负责的人的死亡里，我们面对的是一个非常消
极的事实，或者是对上帝大爱的承诺的否定。但是除非我们面对了这个
非常消极的事实——或是总结了、符号化了所有的负面例子，否则，对
上帝大能的信仰就像只是建立在流沙上一样；然而，我们在面对它时就
得到了这样一个证明，在这样一个生命的真实例子里，生命的力量不可
征服、不可毁灭。现实维持并制造着如此强大的生命，耶稣基督从死里
复活，这个终极力量证明了他就是耶稣基督的父亲。复活不是为了从肉
体上向我们证明，而是从他永在的权威上向我们显明上帝的统治，就像
古老经文上写的那样。因此我们领悟了神的显现不是在他造物和毁灭物
之时，而是在这些事件和复活之上、也在神将短暂的事物高举到永恒的
层面上①。

　　因此耶稣的信仰和神的诚实都集中在了受难和复活上。十字架
（耶稣在此体现了彻底信仰，即使上帝此时显得背信弃义）和复活（上
帝支撑起彻底信仰，使其不落入虚空之中）融为一体，但不是作为一
个"如果……那么……"的限定或是一个"先是这样……然后才那样
……"的年代纪实。事实上它们是基督教社会的历史启示和彻底信仰
的当代范例的不可分割的方面。在受难和复活里，人的信仰和上帝的真

---

① Niebuhr, *Responsible Self*, PP. 176 – 77. Cf. *Christ and Culture*, P. 254；"*Reformation：Continuing Imperative*," P. 249.

诚才是"无混淆、无变异、无分离、无割裂的"①。

在彻底信仰里，作为人类信仰的证明而展现的受难和作为对上帝的真诚性重要揭示而展现的复活，两者的结合提出了它们是怎么联系、为什么联系的问题。复活是上帝对人超越痛苦和死亡的忠诚的奖励吗？还是上帝对在痛苦和死亡中的人信仰的延续？换言之，复活意味着上帝的存在和能力，不仅仅是超越痛苦和死亡，也是贯穿痛苦和死亡吗？

H. R. 尼布尔明确地讲，尽管他经常用省略的方式应对这个问题，但它确实没有给出完整的答案。H. R. 尼布尔用大量章节来说明上帝的裁决和救赎是通过受难和死亡才形成的，即使通过无辜者的受难和死亡。他进一步谈及作为上帝祭品的这些献祭。在其中一段里，他把十字架描述为必会阻拦人的自我杀戮的上帝的彻底道德所预示的一个"从暗色眼镜里看到的启示"：我们面对的却是道德沦丧后的悲剧性结果，十字架体现了所有这些，因为它本身就意味着献祭——耶稣基督为着那些他爱着的人把自己献上为祭，上帝为了这些公义的或是不义牺牲了自己的爱子②。此外，在另一节里更为生动的描述中，H. R. 尼布尔写道，通过对耶稣基督十字架的诠释，无辜者的受难已不能被看作是当世之人的受难，而是所创造的世界里的永恒牺牲。

H. R. 尼布尔的字里行间透露出了这样一个东西，他的思想似乎暗示着耶稣基督的受难揭示了人类永久的痛苦，上帝参与人类受难是人类信仰和生命重构中的不可分割的元素，并且这个重构是由耶稣基督通过复活来表现的。但是，尽管 H. R. 尼布尔的构想和论证指向了这个方向，但是他并未提到上帝带人到他的国度，转化了人的痛苦。他满怀希望地

---

① Niebuhr, *Kingdom of God in America*, PP. 115—16; *Christ and Culture*, P. 254; *Radical Monotheism*, PP. 50, 124 – 25; *Responsible Self*, pp. 176 – 77.

② "*War as Crucifixion.*" PP. 514, 515.

认为，上帝的再来和他降临在生命的所有事件和关系中的能力，会使信徒脱离磨难之荒谬与死亡之定数。

在 H.R.尼布尔对复活信仰是如何在信徒中产生的这个问题的理解中，他并不只是浅尝辄止、一笑置之，但是在他的神学大致取向的基础里和有时在对复活信仰之产生的特别提及时，他对复活所包含的某种暗示的思考颇为大胆。

首先，他认为，不论复活是如何"发生的"（happened），他总是上帝的作为。"复活超出了人为的可能，也不是本质的和真实的人性，只有生与死的主宰者能够做到。"①

其次，不论复活是如何"发生的"，只能通过信仰方可领悟②。作为启示事件的历史完全形态的完整表现，复活不能被从一个不相关的立场来理解。这就意味着新约对复活的解释是在那种信仰的内在历史里的一个事件的信仰陈述，而不是一个公共事件的历史纪录。

最后，不论复活是如何"发生的"，它总是给耶稣的解救。复活信仰的产生除了给耶稣的彻底信仰和跟随他的信徒的群体予解释之外别无他途。"被高举的救世主"正是"这同一个，他的事迹被那些从一开始就被是道的见证者和执行者的人们所描述"③。

显然，这些暗示不足以说明 H.R.尼布尔事实上是如何解释复活信仰的。然而，它们足以表明他反对所有的对复活事件的肉体理解和拘泥于字句、心理上的主观化理解。既然启示从来不是在外在历史的表现，

①　Niebuhr, *Meaning of Revelation*, PP. 130 – 31, 149 – 50; *Christ and Culture*, p. 255; *Responsible Self*, PP. 112 – 15.

②　Niebuhr, *Christ and Culture*, P. 255; *Responsible Self*, p. 177.

③　Niebuhr, *Christ and Culture*, P. 13; *Responsible self*, p. 176; "*The Norm of the Church*," p. 13.

耶稣基督的复活在某种程度上也必定与耶稣基督的门徒和追随者中的彻底信仰的出现密切相关。但是，H. R. 尼布尔与当代神学家，例如约翰诺克斯（John Knox，1505 – 1572，苏格兰政治神学家）和鲁道夫布尔特曼（Rudolf Bultmann，1884 – 1976，辩证神学的主要代表人物之一）的一些看法不同，他的信仰的三元结构和历史观使得他的方法免于简单地把耶稣复活与门徒的信仰等同起来。耶稣基督作为人顺服上帝的至善的中心与符号，在基督教社会里得以传承，这是他的作为被高举的主的位置所在①。

那么这个被高举的主的彻底信仰是如何被当代基督徒理解的呢？我们已经看到，H. R. 尼布尔反对所有基督事件与当代信徒进行超自然的和超历史的连接。耶稣基督不是一个能超自然地把信仰赋予他的信徒的精神存在，耶稣的彻底信仰也不是来自他与圣经记载的耶稣降临的一个精神上的联合。耶稣基督的彻底信仰是被作为上帝的启示与和解在其化转自然信仰的大能力、也只有通过这个能力才能得到确认的和被接受的信仰。

三、彻底信仰的转变

H. R. 尼布尔提供了关于所谓的上帝与罪人之间的"接触点"（point of contact）的神学问题的解答，这是基于他把对自然信仰的理解作为对彻底信仰的曲解的观点而进行的：

人类好的天性变得堕落，但它还不像那些本不该存在的东西那么糟糕，但是已经有偏差、被扭曲、被误导。他会去爱，因为这是与生俱来

---

① Richard R. Niebuhr, *Resurrection and Historical Reason* (New York：Charles Scribner's Sons, 1957).

的；但是他爱错了对象，用错了次序；他期望好的，因为这种期望也是来自造他者；但是他瞄准了好的，实际上对他来说并非是好的，他也因此失去了真正的好的；他也结果子，但是结出来的都是畸形的，还是苦的；他用他实际的理由管理世界，但是却一无所获，因为他固执地把他的理由用在歧途上，因此他真正做的却是使事情变得更糟①。

自然的人与上帝和邻人的关系既不是实质上完整无缺（自由主义的观点），也不是完全不可感知（新正统派的观点）。因此 H. R. 尼布尔的观点是，彻底信仰就像自然信仰那样是以一个无序的方式出现的，它是在自由主义与新正统派之间和在历史启示之外提供给我们的人与上帝的关系的阐释中的"第三条路"（third way）②。

故此，H. R. 尼布尔给出了一条中间路线，能使历史启示在当代信徒的生命里被接受和理解。彻底信仰的道成肉身在耶稣基督里，既不是本质完美（自由主义）的信仰的历史例证，也不是作为独一无二的信仰完全缺失的具体证明（新正统派），而是作为一个对彻底腐朽的信仰的转型。在耶稣基督的彻底信仰的冲击下，人类的自然信仰被不断地彻底改革，它并没有从历史方面被证实，或是被奇迹般地替换掉。

在对彻底信仰的实践行为和理论理解的探讨中，H. R. 尼布尔对改革的转换做出了描述：耶稣基督所展示的上帝的绝对可信性和普遍原因（universal cause）③，引出了一个神人之间的和人人之间的关系的新秩序。由于人与人之间的关系包含全部的实践行为和理论行为，它们的转

---

① Niebuhr, *Christ and Culture*, P. 194. Cf. "*The Triad of Faith*," pp. 11 – 12; "*Man the Sinner*," P. 273, "*Reformation*: *Continuing Imperative*," P. 248; *Christ and Culture*, PP. 193 – 94.

② Niebuhr, *Meaning of Revelation*, PP. viii, 155 – 91; *Purpose of the Church*, PP. 36 – 37; "*Value Theory and Theology.*" P. 1 16.

③ Niebuhr, *Meaning of Revelation*, PP. 151 – 91. Cf. *Radical Monotheism*, PP. 46 – 48.

变引出了宗教行为和信仰、以及伦理活动的标准的转变。此外，尽管H. R.尼布尔认为这些实际关系在逻辑上先于对信仰的智能构思，但这些关系与信仰确是辩证联系的。因此，在任何一个人的经验里，哪个在先，在时间顺序上是不一定的。在具体经验里，一些人把他们对上帝和伦理的自然理解转化为在他们个人关系和行为里的彻底性的革命；而别的人则会把具体的信任—忠诚关系转化成对这些改变了的关系的本质和意义的新阐释。

H. R.尼布尔根据我们通常由启示带来的宗教和伦理理解的改革，阐释了这种自然信仰的变革。启示转变了我们关于神的永恒、大能和至善的自然观念。耶稣基督所揭示的上帝具有一个守信的人所具有的一致性，而非一个固定能力的综合。上帝的能力不是与死亡为敌的能力，而是那个在死之中又在死之后且胜过死的复活能力。上帝之至善在耶稣基督里显明，这是博爱的创造性至善，而不是法律正义下苛刻的仁慈。类似地，H. R.尼布尔也描述了由启示事件所促成的伦理标准。伦理的诫命已经表明它不是含在理智和社会的要求之中，而是在上帝那里，他不断地瓦解、更新我们理性的理解和社会的安排。启示扩充了道德的透彻性和普遍性，使之超越了信徒和耶稣，直到每位存在的邻人，不论是友是敌，是活是死、是近是远。最后，启示开始了道德诫命的永久转型，成为道德预示。在那里爱是充足丰富的，没有对惩罚的恐惧和对奖赏的盼望。

这么一来，H. R.尼布尔既可以说明启示如何带来了新的关系和新的知识的问题，又没有把启示与神秘邂逅或是普通陈述等同起来，同时他也回答了耶稣基督中的上帝的启示是如何被罪人所认知和解释的这类棘手的神学问题。上帝不是不能从个体的角度和知性的角度被感知的，而是能够从这两个角度被感知的，上帝不是意料之外的上帝，他的来临合乎所有人对神性和使命的期望，但他通过揭示他的绝对的可信赖性和普遍原因而展示了实现这些期望的可能性转变。他的来临是为了使不信他的、不忠他的人都顺服，结束有限的神之间的争斗，给予个体存在和社会存在以完整性。

他在基督教社会里发现了这个转变，但是关于关系和概念的转变不是仅限于基督教社会。基督教社会的观点是有限的，是在历史、信仰与罪中形成的，但是人们从这些观点中却能看到无限。上帝是经过历史经验保存的，单凭信仰无法接触到上帝，如同理性不能接触到由感觉经验保存的自然一样。但是理性通过了解有限的经验里和现实的可理解的模式，可以在别的经验里搜寻到类似模式的证据。因此信仰若是在自己的历史里体悟到了神的自我，就可以也必定会在别的事件中寻找到它的显现①。

对基督教社会来说，耶稣基督就是他们的罗西太碑石（Rosetta Stone）②，可以由他来开启和诠释自身的过去、现在和未来的上帝之道的所有陌生的符号和声音。

四、彻底信仰的扩张

H. R. 尼布尔认为，把上帝在耶稣基督里的作为和上帝在任何时间和地点的作为相联系的企图，经常会导致神学上的进退两难③。在说明

---

① Niebuhr, *Meaning of Revelation*, pp. 86 – 87.

② Rosetta Stone，罗西太石碑，1799 年拿破仑的埃及远征军带着庞大的学者团以负责收集整理埃及古物。在罗西太布防时，无意中出土一块高 118 厘米、阔 77 厘米、厚 30 厘米的黑色玄武岩石碑，史称"罗西太石"。这块石碑上刻有相互对照的圣书体、世俗体和希腊文，它涉及公元前 100 年的资料，经文内容为祭司对古埃及托勒密王朝的国王向寺庙布施的礼物的赞谢，法国的埃及学者商博良根据这块石碑的内容解读了埃及文字。

③ Niebuhr, *Meaning of Revelation*, PP. 125 – 30.

基督对信仰的重要性时，教会经常选择基督教事件里的永恒真理和唯一
事实来说明。耶稣基督是被描绘成阐释所有神和人的经验（从历史角
度上讲，基督事件在此情况下是不重要的，可有可无的）或是作为表
明神和人行为的唯一表达的人（这种情况下，基督事件在历史角度却
是必需的，而且是唯一的表达）。

　　这个两难的境地不是从 H. R.尼布尔的分析中得到的。耶稣基督的
确揭示了神的行为之恒定性与彻底信仰在何时何地出现的可能性，但是
由于神只在历史性的信仰里显现，只作为神性行为的一个标准化展现，
也只作为人的回应的必然可能性，耶稣基督在教会里就被不断地传承。
H. R.尼布尔把这个标准化了的假定和普遍关联与在一个普通生命里发
生的决定性和唯一性的时刻进行了比较："在面对突发事件时，一个人
的举动可能会揭示一种他以前没有发现的品质。经过这么一个启示性的
时刻，他的朋友仍不能理解已经模糊了的过去的行为，也不能预言启示
者将来的作为。但是这个启示性的时刻不仅仅揭示了他以前隐藏着的行
为的不变特征，也引出了一个人与人之间的新关系，并且在他个人的历
史上留下了一个唯一的时刻。"① 因此，耶稣基督成了不可取消的过去、
个性的然而是决定性的现在、与基督教的历史相关联和为了基督教的信
仰而存在的代表。

　　但是当代基督徒为何必须把整个人类的过去、现在和未来作为上帝
无限的神工来看待，又是如何去看待呢？基督教社会如何找到彻底信仰
以契合理解整个人类经验呢？为什么如此的彻底信仰扩张到所有历史和
自然会是对人类全体至关重要的呢？

---

① Niebuhr, *Meaning of Revelation*, P. 129. Cf. Christ and Culture, P. 255; Responsible
　Self, pp. 154－57, 175－78.

基督教社会的启示引出了一种与人类整个理性的活动范围有关的信仰。对 H. R. 尼布尔来说，理性能批判、比较、提炼并且与所有感官和信仰的经验相联系。理性地阐释内在历史的实践任务，是由一些历史和信仰中的具体观点所决定的，对基督徒而言，耶稣基督的事件提供了阐释内在历史的形象和同伴、图景和讲解者。个体存在的困惑和公共历史的争论可能会交织在一处并被写入历史神学，在那里上帝参与任何事件（无论过去、现在、还是未来）①。此外，H. R. 尼布尔主张彻底信仰甚至可以为外在历史的理论理性做些贡献。尽管耶稣基督的启示没有提供外部世界的信息，彻底信仰能够提供一个"无私的"客观的真理，以及寻求那些讲述真理的背景，因为由此它已经消除理论理性的防卫和自我监护与社会的利益的必要性因素②。因此 H. R. 尼布尔相信耶稣基督揭示、传达了一个彻底信仰，并配备了实践理性，而且拥有了创造性奉献和人的整个过去、现在和未来之经验所必需的范式和同伴。彻底信仰也为研究所有自然的、生物的、心理的、和社会学的现象而解放了抽象理性，使人免于受到自我价值和理想能够遭到毁坏之恐惧的影响。

在启示的基础上的所有这些理性是以个体或是社会全体的成就为导向的③。彻底信仰的知识把人类在其内部联合来，并且彼此加以分类④。利用大量的从启示事件中得到的符号和比喻，基督教社会能够在所有人的生命和历史里发现调和模式和意义。在所有的事件里追踪那个唯一的

---

① Niebuhr, *Meaning of Revelation*, P. 109; *Responsible Self*, pp. 102 – 7, 120.

② Niebuhr, *Meaning of Revelation*, P. 175; *Radical Monotheism*, pp. 78 – 89, 93 – 99, 127 – 41.

③ Niebuhr, *Meaning of Revelation*, PP. 109 – 137; *Radical Monotheism*, PP. 47 – 48; *Responsible Self*, PP. 95 – 107, 121 – 26.

④ Niebuhr, *Meaning of Revelation*, PP. 99 – 109, 118 – 20; *Responsible Self*, PP. 121 – 22, 125 – 26, 137 – 39.

上帝，就可以体悟出上帝所预备的整个人类的过去，体悟出整个人类的现在的上帝的目的，体悟出整个人类的未来的上帝的可能。

这个解释性的重建并不仅仅是个智力游戏，它是任何一个自我和拥有邻人的群体走向统一的一个重要部分。个体可能不完整，人类社会可能没有统一的记忆、统一的利益、统一的希望。但是根本上讲，整个人类社会和自然过程肯定将是一个单一的史诗般的过程。整个宇宙——鲜活的或是沉闷的、自然的或是历史的、个体的或是集体的——都肯定会来到天父的家里，也就是至高无上的上帝的国度。基督徒在这个独一的、在每个事件里都像他在复活事件里一样主动的上帝那里，发现个体人格的唯一不朽的内核，从而使社会走向统一。

最终，除非有人的参与，否则耶稣基督无法完成整个拯救。这个参与包括在一个人与人关系的新秩序里依靠信仰，并且在信仰里来对人的经验的整个背景和范围做出推理。但是，在这个信仰生活中和思想的个体辩证里，耶稣基督保持着信仰的彻底性和可能性[1]。就像 H. R. 尼布尔说的那样：“我们来爬启示的高山，我们会看到我们居住在阴影里的山谷。我们从这个山谷里再往上看这座山，每条险峻的道路都会带给我们新的想法，还有新的奇迹和惊喜。这座山不是我们从前爬过的那座，这是座有名的高峰，我们从未完完全全了解。每代人都得爬爬它，每个新的一天里都得爬。”[2] 基督教社会必须不断地超越，但也总要返回到它的特殊历史的特殊启示里来，因为人们在这个世界里必须依靠信仰。

---

[1]　Niebuhr, *Meaning of Revelation*, PP. 118—31; *Responsible Self*, PP. 122 – 23, 175 – 78.

[2]　Niebuhr, *Meaning of Revelation*, p. 137.

第四节　对启示与信仰的综合

总之，当 H. R. 尼布尔把内在历史和外在历史的分析方法和关于自然信仰和彻底信仰的具体讨论结合起来时，其启示神学的内容和观点才变得清晰起来。

从存在论上讲，外在历史与内在历史的差别，确立了对作为现实普通事件的启示和作为宗教事件的启示的认识。但是这种二元统一的具体形式基于"信仰体现在所有认识和认识活动中的神人关系的三元结构"的这一认识。因此 H. R. 尼布尔把信仰定位在历史现象中自我、上帝和邻人的相互关系之中，这种相互关系体现在三者的言语和行为中。

从认识论上讲，外在历史和内在历史对看清历史的二元统一有着不同点，但是这些不一致的方面总是通过历史性的范畴和人们的领悟而达到统一。彻底信仰的范畴会使人们对一个被存留下来的启示性事件产生记忆并创造出延续的社会记忆。因此，H. R. 尼布尔把彻底信仰对上帝、邻人、自我的理解的基础置于历史性社会里（包括过去的和现在的），由此才能理解这种相互关系。

从救世神学上说，外在历史和内在历史的区别解释了为什么可以证实或是否定历史上的启示。历史的启示性只有在彻底信仰的范畴中和在同伴那里才是可以领悟的。但是这个社会的立场对人来说不是唯一的一个普遍结构，因此，H. R. 尼布尔把自我、邻人和上帝之间的彻底信仰的和解基础放在耶稣基督的历史性事件里，由此这个相互关系才可确立。

通过这些术语可以看到，为了能观察和总结 H. R. 尼布尔的启示神

学的完整结构和实质，或许可以总结出比他的三元结构更能说明问题的
几何模型。对 H. R.尼布尔来说，上帝在自我和邻人的联系之内是可知
的。在基督教社会里，耶稣基督是最重要的邻人，他促成了人与人之间
关系的新秩序，也引出了人们对上帝本体的一个新的阐释。但是耶稣基
督是一个过去的历史事件，除了从一个有记忆的群体的中介那里了解上
帝之外，他是无从知晓的。因此，由于自我同耶稣基督的关系并非永
恒，一个三角（上帝、耶稣基督、自我）不能传达 H. R.尼布尔的启示
和信仰之观点的全部信息。H. R.尼布尔的启示—信仰之复合体可以更
充分地被一个四面体表示出来，其顶点是上帝，底边三角形的顶点是自
我、邻人、和耶稣基督。四面体的底（自我、邻人、和耶稣基督）代
表历史性社会，它揭示了当代社会信仰的规范，其中社会（自我—邻
人—上帝）是整个四面体的主部①。

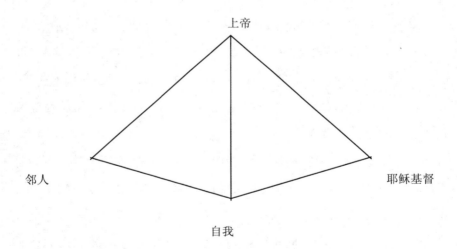

---

① " H. Richard Niebuhr" (Ph. D. diss. , Duke University, 1963) . Fowler, *To see the King-dom*, PP. 165 – 66, 182 – 84, 198 – 200.

通过教会中的邻人相传的耶稣基督是永恒的、标准化的、最伟大的邻人，借着他自我得以向上帝和邻人回应，通过他上帝可以作用于自我和邻人而被认识。H. R. 尼布尔神学思想中的这种描述，目的是为了在信仰要素的相互关系中寻找人的道德行为。由此，他的研究把他引导到了一个有关道德生活的全新概念系统之中，这一研究说明只有以上帝为中心的彻底信仰才能彻底改变人的道德生活。从某种程度上讲，当人的道德和上帝联系在一起，以及和动态信仰联系在一起时，人们才可以过上道德的生活，这种道德的生活就是责任。在接下来的一章中，将简要介绍 H. R. 尼布尔关于责任伦理的理论。

第四章

H. R. 尼布尔关于责任伦理的理论

第一节　责任的理论

一、道德行为的背景

对于 H. R. 尼布尔来说，伦理学是人在寻求自我认识和实践指南时对自我道德生活的一种反思和考察①。像所有反思的结果一样，虽然伦理学不会创造它所研究的现象，但是，它希望通过澄清或改变人们已有的道德观念来变换和更新自己的研究主题。H. R. 尼布尔提出的用伦理反思促进道德整合和伦理学改革的观念，不同于其他大多数神学家和哲学家的道德观。他不会扔给人们一个小册子，在上面写上详细的道德规范和对典型事件进行约束的一些道德标准，也不会制订正式的或者理想的道德条文，并希望用这些条文来决定道德的方方面面。他所关注的是道德神学家或道德哲学家所重视的规律及其应用，他的任务是探究道义

---

① Niebuhr, *Responsible Self*, p. 48.

——把那些群体道德生活中存在的潜在情感和基本特征揭露出来。只有当道德规范广泛地告为人知之时，道德行为才能完全地形成。作为一个伦理学家，H.R.尼布尔的任务旨在领会道德行为发生的所有背景，而不是把道德行为结果的每个细节都搞得清清楚楚。

在 H.R.尼布尔关于道德生活的概念当中，他一直都认为，道德生活（moral life）不必直接遵守法律或追求理想的道德状况，因为一定的道德行为总是表现为一定的道德责任。况且，宗教伦理学家和世俗伦理学家们普遍认为道德是一种责任①。对这些思想家来说，责任（responsibility）这一概念为解释人的道德行为和道德背景提供了一种新的根据。这一概念指出：道德与其说是一种法则，不如说是一种关系；与其说是一种义务，不如说是一种境遇；与其说是一种思考，不如说是一种对话。更为显著的一点是：H.R.尼布尔认为，是"责任"把社会的道德生活和宗教的信仰生活有机地联系在了一起，在这一基础之上所产生的上帝和邻人之间相互作用的自我观察是与众不同的。

H.R.尼布尔没有仅仅局限于基督教立场地来解释责任的作用。他相信，如果运用新的"责任"概念来分析所有的道德类型和伦理体系

---

① See Joseph Fletcher, *Moral Responsibility* (Philadelphia: The Westminster Press, 1967); Thomas W. Ogletree, "*From Anxiety to Responsibility*," The Chicago Theological Seminary Register 43 (1968); Kenneth Boulding, "*The Principle of Personal Responsibility*," Beyond Economics (Ann Arbor: The University of Michigan Press, 1968); Robert O. Johann, S. J., "*Authority and Responsibility*," *Freedom and Man*, ed. John Courtney, S. J. (New York: P. J. Kenedy and sons 1967); Albert R. Jonson, *Responsibility in Modern Religious Ethics* (Washington, D. C.: Corpus Books, 1968); Eric Mount, Jr., *Conscience and Responsibility* (Richmond: John Knox Press. 1969); C. Freeman Sleeper, *Black Power and Christian Responsibiliy* (Nashville: Abingdon Press, 1969); James Gustafson, "*Christian Ethics and Social Policy*," PP. 119 – 39 in Faith and Ethics, ed. Paul Ramsey; Waldo Beach, "*A Theological Analysis of Race Relations*," ibid., pp. 205 – 224.

的话，这个新概念具有同样深刻的内涵①。责任这一概念的普适性对于身为基督伦理学家的 H. R. 尼布尔的研究十分关键，他运用比较和对照的方法，批评和吸收了其他道德标准和体系并建立了一个"普遍对话"（universe of discourse）的责任模式。

这个普遍对话的建立并不是在说明这样的基督教伦理学就具有道德优越性和终极性，正如我们所看到的，H. R. 尼布尔认为他只不过是通过建立普遍对话来批判基督教伦理学和基督教神学中存在的自我保护或排他性观点。但是，无论是在伦理学或是神学领域，他的"忏悔"方法都吸纳了其他派别的批评性扬弃和建设性综合的方法。H. R. 尼布尔一直努力地在两极中寻求一个中间道路，它既可避免其他派别的缺陷，又可巩固它们的优势，这一努力的结果在他的伦理学著作当中十分显著。在他的伦理学中，H. R. 尼布尔并没找到通过调停和改革把从前分离和杂乱无章的思想合在一起的、一个可以作为新的道德联合体而存在的新的立场，事实上，这是一个持续改革的过程，H. R. 尼布尔把这个过程看作是基督教伦理和道德现实的核心。

因此，本书在第三章首先研究 H. R. 尼布尔的责任现象学，这是构成他伦理学理论的基本元素，无论道德存在的特别背景和行为的具体内容是什么，责任行为作为永恒的研究目标是其责任现象学的基本理论内涵。接下来将揭示自我和群体生命在彻底的一神论中道德责任的导源和归宿。

二、责任的三大隐喻

如上所述，H. R. 尼布尔对伦理学的可行性研究把他引导到了建立

---

① Niebuhr, *Responsible Self*. pp. 45 – 46.

一个关于道德生活的全新系统概念的方面。责任研究使他明白：并不是简单地精练一些伦理规则或翻新一些基督教教义才能够改变人们的道德生活，而是通过建立一个以上帝为中心和彻底信仰上帝的神学，才能彻底改变人的道德生活。他认为在某种程度上，必须和上帝联系在一起以及必须和动态信仰联系在一起才可理解道德。H.R.尼布尔在"责任"这一概念里发现了新的基督教道德模型。他最早在《宗派主义的社会来源》（The Social Sources of Denominationalism）一书中使用了这个词，当时主要是为了讨论处于分裂状态下的教会的不负责任问题①。但是在接下来的多年中，他创建并丰富了道德责任的理论，这一理论说明了道德责任的根隐喻（the root metaphor）、分析了责任的本质并且描述了责任的主要类型。

　　H.R.尼布尔认为责任是道德生活的一种说明，责任一词挑战并取代了其他两个长期借用的描述词汇："人类行为"（human behavior）和"道德生活"（moral life）②，也就是说，责任概念把"人类行为"和"道德生活"具体化了。伦理目的论把人的道德生活描述为人类行为的目标和人类道德选择（human choice）的结果。这些目的是什么？怎样衡量这些选择结果？这些问题在目的论者之间存在分歧。但是，在道德是有意塑造通向未来和最终目的道德生活的东西这一问题上，他们的观点是一致的。和伦理目的论相比，伦理本体论则认为：道德规范是无时间限制的规则，须严格遵循。在控制人类行为和人与人之间关系的源泉和规章数目上，本体论者之间意见不一。但是，在对道德规范必须原则性地服从法律条文或道德规范必须和法律条文相吻合这点上，他们之间

---

①　Niebuhr, *Sources of Denominationalism*, P. 274. The phrase "the responsible self" first appears in *Church Against the World*, P. 4.

②　Niebuhr, *Responsible Self*, pp. 47 – 68.

没有任何的争议。

对此，H. R. 尼布尔欣然承认，众多的思想观点形成了解释和指导道德行为长期的、有益的历史。但是在提出道德规范是责任时，H. R. 尼布尔列举了传统的目的论和本体论的诸多缺陷和困难①。每种理论都缺乏全面性和可持续性。在实际应用中，传统的目的论和本体论这两种相互冲突的理论都要求对方澄清道德选择和道德变化的意义。在现实生活中，权利和义务的窘境一直是理想须追求、法律须遵守的争论焦点，比如，哪些法律体现了形成个人和社会存在的理想？哪些目的和人性或神性是协调一致的？H. R. 尼布尔指出，这些缺陷暴露了目的论和本体论太偏离人们的道德实践，不能够充分地指导人的道德行为。

目的论和本体论的描述暗含着不足，H. R. 尼布尔沿着这些不足一直探究下去。正如我们在前面所看到的，"根隐喻"（the root metaphor）或"符号形式"（symbolic forms）在道德反思中起着至关重要的作用②。所有的反思，不管是事实上的或是价值上的，都是被特定的细节描述或模型、隐喻或符号在经验之内推入可理解的、具有建设性和富有意义的联系。在探究伦理的目的论和本体论的理论局限性时，H. R. 尼布尔把过程给翻转了——他把详细阐释道德的理论推回到了根隐喻上，比如关于对错的目的论的根隐喻是一种共同的技能经历。依次类推，有道德的人会紧跟他自身和他所在的社会，而不是制造道德工具和玩具。道德规范是实现特定目的规定，不是结果而是手段，它在人的控制之下并允许在实施过程中为了达到取得成就的目的而存在差异。相比之下，本体论

---

① Niebuhr, *Responsible Self*, pp. 55 – 60.

② Stephen Pepper, *World Hypotheses* (Berkeley：University of California Press, 1961) and Ernst Cassirer, *An Essay on Man* (Garden City：Doubleday Anchor Books, 1953).

所隐含的根隐喻是公民所熟悉的一种体验①。在制订和遵守法律这方面，政治人物和技术人物对道德体验的理解有很大的差异。在这里，道德生活被认为是一种完全可预言的、有章可循的行为，道德存在的手段和道德存在的结果都不是偶然发生的。

　　H.R.尼布尔以那些给目的论和本体论者以灵感和启发的基本类型为依据，分别指出了它们的缺点，每种理论只解释了道德行为的部分内容和来龙去脉。对此他提出，"人即制定者"（Man－the－maker）的道德理论说明了人在道德行为中的自由和历史变革，但是这些理论低估了现实生活和历史生活的重要性。他们没有充分认识到生活正在顽固地抵抗人的设计，也没有理解过去对现实和未来的影响是多么的强大，结果造成目的论不能充分地说明在道德生活背后为什么有罪恶和悲剧等存在。"人即公民"（Man－the－citizen）的道德观念证明了在道德生活中客观性和公正的重要性，为评判道德和规章制度提供了标准。但是和目的论相比，他们更加忽略了道德存在的短暂性和稳定性。他们对道德生活的含糊性和历史的新奇性做了很少的正确评价。因此，存在论对道德生活中存在的焦虑、自由和变革几乎没做出什么解释。H.R.尼布尔做出推论：道德人的这些强有力的竞争尽管有利于他们认识自身权利维护，但容易表现出粗暴和对他们生活体验的一种近似复制的状态②。

　　在责任的形象上，H.R.尼布尔发现了那些所有可供选择的办法。在责任这一概念中所固有的是"人即回答者"（man－the－answerer）这一形象——人从事对话，对作用于他的行为响应③。对那些试图理解这个形象的道德整体的人，H.R.尼布尔声明：

---

① Niebuhr, *Responsible Self*, pp. 48－54.

② Niebuhr, *Responsible Self*, P. 56.

③ Niebuhr, *Responsible Self*, pp. 56－61.

现在，我们把我们所有的行为都当作我们回答别人问题的模式。投入谈话、回答我们提出的问题、自我防御、服从命令、迎接挑战等等都是一种普通的经历。不过现在我们把所有的行为都看作是回应、回答的一种行为①。

H. R.尼布尔认为这种"提喻类比"（synecdochic analogy）比"制定者"和"公民"类比更符合道德体验，因为它为道德反思建立了一个更加广泛的私人背景。和旧的形象以及它们各种精心设计的理论不同，对话隐喻理论完全符合人类生活相互作用的最新理论，比如，生物学、心理学、社会学和历史学之间的关系。更重要的是，它说明了在社会紧急时刻和个人遭受痛苦时的道德行为。在这些"有限的体验"（limited experiences）中，道德的基本特征被精确地揭示出来，因为它正面临危险②。在这些危险中，道德行为是一种对挑战的直接反应，而不是追逐理念或者紧跟法律，因为危险体验超出了预想和假定的范畴。

最后，H. R.尼布尔指出，责任概念不仅仅与现代世俗主义的思想和境遇相亲和，而且和圣经的道义思想十分接近③。解释古以色列的唯心论和末世论中的道德或早期基督教的唯心论和末世论中的道德所付出的努力，或者解释顺从和遵守法律的道德努力总是和经文相悖。从整体上看，无论是《旧约》还是《新约》都把道德作为一种对上帝做法和在一定环境下的境遇反应。于是，H. R.尼布尔从伦理理论中寻找新的和更为全面的解释，这种伦理理论建立在"人即回答者"的概念之上。

在围绕自己的观点展开辩论时，H. R.尼布尔避开在责任中寻找理

---

①　Niebuhr, *Responsible Self*, P. 56.

②　Niebuhr, *Responsible Self*, pp. 56 – 60.

③　Niebuhr, *Responsible Self*, pp. 65 – 67

解基督教道义（Christian ethos）的一些重要关键点①。即使在基督教伦理学中，他承认目的论和存在论思想的持续重要性。但是，从 H. R. 尼布尔对这三种观点的对比分析来看，如果不考虑责任概念有能力创造性地联合对手的因素，他显然认为"责任"是最为恰当的选择。这样，在总的比较当中，H. R. 尼布尔观察到了：

如果我们用价值概念，那么这三种观点或许可以用利益、权利和适宜来做解释，因为目的总是和最高利益连在一起，利益是权利的附属。我们把存在和权利连在一起，不管我们的利益发生了什么。但是对责任伦理学而言，适宜的行为，对适合总的相互作用的反应和对进一步反应的预料的适宜行为是单独有益于利益、单独有益于权利的②。

总之，责任符合道德体验，它的综合力量足以让 H. R. 尼布尔信服：道德就应该以这种方式被解释和被认知。

"人即回答者"的隐喻没有在它的使用者中间得到系统的、可持续的发展。H. R. 尼布尔的著作《责任的自我》（*The Responsible Self*）充其量是系统责任伦理的一种前言。不过，如果把这本书和他的伦理演讲稿以及他的相关出版物结合起来的话，H. R. 尼布尔的确扩大了关于道德生活一般理论中的基本理论内容、形式和范围。

三、责任的构成要素

H. R. 尼布尔注意到，隐喻本身不能解释或者指导体验。符号充满含义和感情，但是这些闪光的含义必须通过智力来开采；隐喻身后包含着参照、暗示、明喻，为了服务于人的思想和道德生活，这些隐含意义

---

① Niebuhr, *Responsible Self*, P. 65.

② Niebuhr, *Responsible Self*, pp. 60 – 61.

必须得拿到表层。因此，必须和"人即回答者"联系在一起。如果责任对道德理论和道德实践有用，它肯定会被赋予一些精确的含义。只有这样，它作为理解和指导伦理的手段的可能性和局限性才能显露。

正如本章所提到的，H. R. 尼布尔在早期苦心经营的责任伦理的理论主要是建立在"责任内容"（responsibility to）和"责任目的"（responsibility for）两者之间的区别上①，他力争阐明道德责任是人类社会的普遍特征并且总是包含着二者的双向运动。他说：

负责任就是有能力，就是要求给某人或某事以说明。由于责任意味着自由和义务，因此责任这一概念在社会关系各个阶层中有它的市场。有责任就是人在代表他人时能够有自我，能够对一个人承担义务，能够对一个人回答自如。责任包括对自身普通生活的有效管理。一个人必须对谁负责的问题和一个人必须回答责任是什么的问题，前者是责任目的，后者是责任内容②。

从这一观点可以看出，道德不同于责任的"对于谁"和"为什么"。如果我们必须对某一民族或者某一命题或者某一家庭做以回答，那么我们只对那些和我们拥有同样主张的人负有责任。对比之下，如果我们对普遍的上帝做出响应的话，那么上帝主持的整个社会就是我们所应负责的邻人。总之，责任的内容和范围因我们所属社会的本质不同而有差异。

从责任本身的要素来看，H. R. 尼布尔把责任的双向性细分为四个基本组成部分。他说：

那么，责任概念或责任模式，可以简略地、抽象地定义为一个行为

①　Niebuhr, "*The Responsibility of the Church for Society*," pp. 113 – 20.
②　Niebuhr, "*The Responsibility of the Church for Society*," pp. 114 – 15.

代理人对发生在他身上的某种行为的反应，而后根据他对这种反应的预设和对这种行为的理解构成了一种行为理念；并且这些理念在行为代理人所在群体中的持续传承①。

换句话说，在 H. R. 尼布尔对责任的描绘里，四个组成部分是：反应、理解、义务和社会团结（response，interpretation，accountability and social solidarity）。

反应是道德洞察和道德决定的预处理实现，只有当人做他们该做的事时，他们才变得有责任。反应是 H. R. 尼布尔伦理分析的重要组成部分，因为它强调道德行为的社会和情感标准。超出人们预料的是，道德行为总是发生在社会环境当中，H. R. 尼布尔主张洞察道德和道德评判的能力表现在对周围其他人的反应上。根据一些人如乔治·H·米德（George H. Mead，1863—1931，是 20 世纪美国最著名的思想家，也是现代社会心理学的创始人之一）、耶西亚·罗伊斯（Josiah Royce，1855－1916，神学家，新黑格尔主义的代表人物之一）和马丁·布伯（Martin Buber，1878—1965，德国神学家和存在主义哲学的大师之一）的"对话"（dialogical）思想，他认为，良心、自由、品质和纪律是对社会进行反应的结果和表达②。

H. R. 尼布尔进一步声明，道德反应是一种情绪激发和情绪触动，同时它形成于社会并且指导社会。正如我们前面所看到的，人和价值的协调是通过情感指数的"自我倾向"（affections of the self）而实现的。个人的道德识别不是根据感觉印象做出的逻辑推论，而是人的情感的结果，如爱和恨、悲伤和快乐、恐惧和希望等虚拟调整。像他之前的乔纳

---

① Niebuhr, *Responsible Self*, P. 65.

② Niebuhr, "*The Responsibility of the Church for Society*," pp. 69 – 89.

森·爱德华兹（Jonathan Edwards，1703 - 1758，美国神学家）那样，H. R. 尼布尔把道德行为看作人心对发生在我们身上的行为和作用在我们身上的理念的自然反应。总之，在所有的道德行为中，第一要素是社会情感反应（affective responsiveness）。

尽管在道德事件中，感情起重要的作用，但是责任又不仅仅是人的社会感觉或直觉反应的表达。只有当人的行为是一种可被理解的行为反应时，人的行为才是一种道德行为①。H. R. 尼布尔坚持："心必须是理性的；参与的个人不能逃避寻找在生命中及其在人的关系中道德行为的模式和意义②。"所以，第二个要素就是理解（interpretation）。理解是必需的，因为道德反应不同于人的反射，总是包含着判断和决定；情感可以动摇意志，但是只有理解才可以指导意志。道德反应必须由"可鉴别、比较、分析和叙述事件的智力"来参与，"这样当某些不道德的事件发生在我们身上时，它们才显得不那么的残忍，而是富有意义和可以理解的"③。理解来源于事件形式和可以被他人认同的道德反应，这样的理解是可虚拟的，并且是在历史中形成的。道德推理不是故意把道德原理套在某些境遇当中，因为过去经历的事件和境遇体验已经决然地形成了个人和群体的生命体验。这些事件和体验升华成了印象和形象，可推理的心根据印象来进行自我的道德理解和道德指导。那么，道德要求对将要发生什么和什么是合适的解释做出响应，正如 H. R. 尼布尔坦率指出他那样："因为我们理解发生在身上的行为，故我们会做出

---

① Niebuhr, "*The Responsibility of the Chllrch for Society*," PP. 61 - 63.

② Niebuhr, *Meaning of Revelation*, p. 108.

③ Niebuhr, *Responsible Self*, PP. 6 - 11, 149 - 60, 161 - 78. See his articles on war for examples of this "imagistic" reasoning. "War as the Judgment of God," "Is God in the War?" and "War as Crucifixion."

反应①。"

第三个要素是义务②。H. R. 尼布尔指出，责任要求道德行为代理人对义务反应负责：支持它们，和它们在一起。义务和可理解性密切联系，因为只有当个人行为发生在一定时间的过去环境和未来结果的框架之内才能构成义务。

对我们的行为负责不但是因为它们是对发生在我们周围的行为的反应，而且是因为它们对我们的回答是一种预期回答。一个代理者的行为就像一场对话当中的陈述。这种陈述不但适合会见，或者适宜早先的陈述，对早先的陈述来说它是一种回答，而且是对预先答复的制定。它思前顾后，可以预料它有异议、可以修改并得到确认。它是推动整个对话前进的一部分，作为整体它是有意义的③。

这样，负责任就意味着可靠性，它确保每种道德行为的连续性和连贯性（the continuity and consistency）。

被 H. R. 尼布尔称为第四种的，也是最后一种构成责任成分的是社会团结（social solidarity）④。在强调社会团结时，H. R. 尼布尔认为道德行为发生在特定的社会环境当中，但是他的这种观点主要形成在头脑当中，而不是实际生活。此外，他还认为道德意识来源于特定的社会环境。更确切地说，只有当道德代理者周围的所有社会成员对正在发生的事件的解释维持在一个相关的、连续的方案中时，责任才是可能的。只有这样一个可分享的解释性的方案才使人在不同社会环境所构成的反应中和谐，才能使自我完整有发生的可能性。"当我们要对我们的行为负

---

① Niebuhr, Responsible Self, P. 63.

② Niebuhr, Responsible Self, PP. 63 – 65.

③ Niebuhr, Responsible Self, P. 64.

④ Niebuhr, Responsible Self, PP. 65, 69 – 89.

责时，责任看上去就构成了我们的交流和相互作用，这种人与人的交流和相互作用构成了持续不断的社会"。负责任的行为只发生在可理解的责任和义务结合在一起的社会里，这个社会才有共同的奋斗目标，人与人之间才有相互忠诚。

谈到道德责任中的目标和忠诚，让人想起 H. R. 尼布尔对信仰的分析，把责任与信仰联系在一起的这种联想绝不是没有根据的。他对信仰的理解是，信仰是相信与忠诚之间的关系结构，这个结构决定着生命的价值和职责，信仰结构从响应和责任方面来说，二者是并行的①。每种社会道德和伦理制度都是建立在"价值中心"（center of value）之上的，"价值中心"将最终决定个人的价值和职责。这种价值中心的道德和上帝是同等的，或者说道德和信仰上帝是同等的，因为它们形成于信仰中，服务在忠诚里②。对 H. R. 尼布尔来说，所有的道德存在和响应都是通过一定的信仰形式或组织而得到认可的。

四、责任的表现形式

从严格的意义上说，责任的表现形式就像支撑和维持信仰形式的多样性一样而表现出各式各样的性质。当然，H. R. 尼布尔已经用多神论（polytheism）、独尊一神论（henotheism）和一神论（monotheism）三者之间的区别把信仰的多样性简化了，他用这些词的特殊含义来区分道德反应形式的不同种类③。更为典型的是，他用更加简单的自然信仰和彻

---

① Niebuhr, Responsible Self, P. 83.
② Niebuhr, Radicaf Monotheism, P. 109；"Value Theory and Theology," P. 106；"Evangelical and Protestant Ethics," P. 223.
③ H. Richard Niebuhr. "The Hidden Church and the Churches in Sight," Religion in Life 15 (1945–46)：115；"Man the Sinner," P. 278；Meaning of Revelation, P. 77；Radical Monotheism, PP. 24–30.

底信仰两种类型把责任形式加以划分。最终，所有的道德都被划分为对社会阶层潜在的和固有的反应，在不同的阶层当中，所有的事和人、行为和关系都有自身存在的价值。正如我们所看到的那样，自然信仰是对各阶层中猜疑和敌意做出的反应，而彻底信仰是对相信和忠诚的反应。这两种信仰在责任中的自卫和信任形式上都有他们相对应的道德形式①，换言之，自然信仰的责任表现形式是自卫，彻底信仰的责任表现形式是信任。

五、自卫：自然信仰的反应

H. R. 尼布尔坚持，自卫是大多数人的本能反应。人自我保护的部分原因是在存在成长过程中尚未形成的性格。因为人是社会动物，靠自己和他人维持生计和自尊；并且他们是有理想的动物，会去不断寻求新的经历、取得新的成就，所以这些社会的相互作用和自我发展就使人充满了内疚和焦虑，人们容易通过保护自"我"和"我们"的立场、计划和行动的手段而采取自卫行动。但是，H. R. 尼布尔还认为，个人的短暂性和人类社会持续性相比，个人会不自觉表现出"搏斗或躲避"（fight or flight），这种"搏斗或躲避"的反应才是自卫深层次的原因和条件。最后，自卫反射折射出人对生命的最后环境和最终意义的不信任和对抗。自然信仰的道德自卫是对无意义的一种防卫，从基督信仰的观点出发，它是对上帝的一种抗议。

H. R. 尼布尔从哲学和神学两个方面出发，划分人的道德自卫。

首先，为了达到用哲学方法分析的目的，他不从基督信仰自身出发来分析，而是从道德的层面出发来分析。H. R. 尼布尔解释了自卫是怎

---

① 　Niebuhr, Responsible Self, P. 119.

样出现在群体中和具有暂时特征的所有道德生活中的。有道德的人存在于广大的群体中，他们很多人都拥有自己独特的道德；在这种状况下，责任肯定就要受到冲撞，仲裁就成了不可避免的要求。由于这些典型的冲突和妥协，一个有道德的人被周围的群体所牵引，这个群体就可以同化他的反应，整合他的责任。社会生活的需求要求他对事件做出解释和回应，它们遵守一定的模式而形成一个整体。但是，每个人都声称他们描述出了那个整体的道德，掌握那个模式，并遭遇过对手和诽谤者。他们在空间和时间内，在人类生命和自然规则内，寻找还在遭遇很多困难的共同的群体，不管这个圈画的多么宽广，即使人道主义面临着迥异的环境，自然主义面临不可避免的平均信息量，都属于道德的综合范围。

其次，这种不成功导致了自卫的普遍性存在。对此，H. R. 尼布尔解释道：不管人类和自然界的偶然性，"自我知道他自己和他人在碰撞，在它短暂的、难以说明的、现实和即刻的存在中发现自己是完全独立的"；或者，"我是我，我和我这躯体存在着、我的心智这种情感装置、我的基本宗教行动，等等这些彻底行动，在体力、脑力和个人存在的详细的要素所共同构成的有限的行动中，是不可能得到确认的"。尽管宗教和文化排除了这种人的完全独立感的表达方式，H. R. 尼布尔相信人类在自己的观点中从来没有完全地包含过或隐瞒过独立表达。每一个表达都没有寻找到把存在统合并环绕一起的群体，自卫的中心责任预示着不可忍受的恐慌与可怕。它加速了自我的隐秘恐惧："尽管它是活的，但它没有力量去活；尽管它可能死去，但它没有力量去死；总之，它无时无刻、无处不在相异和突发力量的控制之下①。"每次失败都加强了捍卫这种有限的"有助于我们穿越黑夜"的爱和忠诚的决心。

---

① Niebuhr, Responsible Self, PP. 109，112，115.

再次，H. R. 尼布尔从有神论的观点把自卫加以深入的揭示。从彻底信仰的观点出发，自然人的所有道德都是对上帝的一种防卫①。无论是人渴望一个共同体还是人纯粹的可能性感觉，都是人有能力对上帝渴望的一种"超越信号"（signals of transcendence）的表达，但是自然信仰和自然道德总是对生命的最终环境和意义表现出无知和怀疑，并被深度的恐怖所控制。是神秘的力量把我们抛进上帝的信仰里了吗？那么，在一个毁灭中结束的世界里，他的仁慈在哪里？是那宝贵的仁慈使我们相信上帝的存在？那么，在一个仁慈不占优势的世界里，他的力量又体现在哪里？从一神论信仰的观点来看，人的道德根植于对上帝行为的不信任和不忠实之上，因为上帝被看作是一个强烈的空间和不安分的敌人。的确，H. R. 尼布尔宣告："不存在无神论的道德：它要么是有神论，要么是反有神论。"②

最后，从哲学和神学相结合而进行分析的角度出发，H. R. 尼布尔把自然道德看作是"生存智慧"（wisdom of survival）。他提出，所有的生存智慧的反应都是用来构建、应用、保证和服务于人生命安全的工具，都是为了服务于朋友和敌人。H. R. 尼布尔把自然道德的自我防卫的设计贴上了"死亡伦理"（ethics of death）的标签③，死亡伦理的个人表现是自卫本能，它的社会表现是封闭社会。因为任何一两个人都是有限的自我，自我服务就是自我中心主义者和极权主义者道德的赤裸裸的表现，它们或许不必如此。他认为斯多葛学派的高尚放弃和人文主义慷慨的包容是自然道德大公和同情的例子，但是所有的自然道德都易在死亡中屈服。因此，它们对所有不在爱和忠诚范围内的事情以及对其他

---

① Niebuhr, Responsible Self, PP. 140 – 43.

② Niebuhr, "Evangelical and Protestant Ethics," P. 223.

③ Niebuhr, Responsible Self, pp. 143 – 44.

人都是防御态度。死亡伦理，就像自然信仰的众神一样，最终生命是分裂的，对死亡是没有防备的。

和这种人类的严格道德图景不同，H. R. 尼布尔指出了道德的另一种形式。千真万确，在我们历史上和我们当中这种形式是"希望大于数据，作为可能性的或许大于精确的"①。过去人们讲信任，现在人们还是信任，有了这种信任，我们就可能把死亡伦理转换为生命伦理：更新自我，把封闭的社会重新塑造为开放的社会②。不过，信任的意义将在下面的两节中充分地展开。为了把 H. R. 尼布尔责任现象学予以概要而完整地介绍，在此对责任的形式做些粗略描述。

六、信任：彻底信仰的反应

H. R. 尼布尔一直相信：人不是天生就是仁慈和可信赖的，但仁慈和可信赖对道德行为的维持却是必要的。自然道德为个人完整和共同群体进步找到了动力的渴望，在一个能容纳所有联合体的包容社会里，在所发生的相互作用中，能够有一个最终的道德行为。但是，对于在包括我们在内的群体里发生在我们身上的行为，我们还没有足够的说服力确保我们的行为是道德的。自然道德就是这种确信：我们对群体内的事实反应，与其说它们是生命给予者，不如说它们是死亡处理者和控制者。由于这种怀疑和担心，自然道德安排一些较弱的力量和较小的群体来增加生命尊严并明确责任义务的内容。显然，人类需要的是一个积极的价值中心和范畴，而不是内在的一致性和全球的团结。但是，H. R. 尼布尔坚持，一种有效的道德要求两种理念：一种是个人价值和一致反应

---

① Niebuhr, Radical Monotheism。P. 31.

② Niebuhr, Responsible Self, pp. 142 – 43.

观；另一种是社会价值和共同和谐观。只有当一种道德建立在坚信他人的基础之上，也就是说，对所有的人，他的爱和忠诚都没有消减过的时候，人们才能从建立他们自己价值的必要性中解脱出来。只有当道德存在于一个充满爱的并能够包容所有人的群体时，人们才能从利己的必要性中解放出来。总之，H. R. 尼布尔认为，在可信赖和忠诚的上帝这里，所有的人都被诚实和信任绑在一起。如果道德不以这种彻底信任（radical faithfulness）为基础，那么每种道德都迟早会毁灭在因不信任而造成的不和谐与防卫当中。

这并不是说如果不信仰上帝人就不能过上美妙的生活。H. R. 尼布尔认可并赏识那些人，这些人活得正派，甚至像英雄一样生活。但他们不相信这个世界是富有意义和友好的，也不否认人很少考虑世界背景和他们行为的重要性。日复一日的日常生活要求他们能够做出上百次的反应，并且这些反应完全不同于详细分析与全面计划后的反应。但是H. R. 尼布尔深信，即使是一些小的决定和常规行为也揭示了一个潜在的态度：事物要么无关紧要（空虚 Void）、充满敌意（敌人 Enemy），要么热情好客（伙伴 Companion）。他进一步指出：如果对他们的成就没有认同感和忍耐性，人就不会追逐理想并付出精力。为了实现生命价值，在某种程度上人的行动要有可靠的支撑点和背景。但是自然信仰和自然道德中的"死亡逻辑"（logic of death）迫使 H. R. 尼布尔做出如下结论：简直就是"生命和死亡之主"才能满足那种需要。

那么，在哪里才能找到这种信任呢？怎么样才能得到这种信任呢？在关于罪恶和拯救的讨论中，可以认为定在自然道德中不存在彻底信仰，是对彻底信仰的一种贪污，自然信仰一样是彻底信仰的一种否定的表达形式，但彻底信仰是自然信仰的潜数据和经常存在的可能性。当H. R. 尼布尔谈到，用个人的完整和群体的"种子"（the seed）控制自然道德时，他已经对此进行了深思。也就是说，当他对达到彻底信仰的过程感到迷惑时，他所做的假设是："自我是否能够在更大程度上坚守彻底信仰还是个问题，因为它发现所有有限的生命都是不可靠的；或者更大的原因是通过一定的平台把半信引到终极信任；还是因为我们所依靠的有限的力量辜负了我们，所以我们求助终极；或者，因为我们看到了生命整个领域的信任构建的踪迹，所以我们就对那些仅仅被考虑过的存在怀有信心。"①

形而上学的确信奠定了他所捍卫的彻底信仰是不受群体限制的基础，他说：这让人想到了耶稣基督：

我们不会注不意到：在我们的伙伴当中的某一个人，如果拒绝了以基督徒的名义对自己的行为做出反应，他就不会被信赖，就缺失了对万物的爱，缺失了对未来的希望；只有当我们的生命和耶稣基督连在一起时，只有从他的那个遭遇中领悟他所遭遇的以及从他对伙伴的所有回答中对他的回答贴切领悟时，对上帝的彻底信仰就变得有可能。我们相信（这种）对存在的重新解释已经在这个世界上产生了，并且不是局限于那些说"主啊，主啊"的人当中，甚至也不是他们才是最好的代表②。

对 H. R. 尼布尔来说，虽然彻底信仰是以扭曲和非正常的形式表现的，但在每个生命中发生的每一件事中都存在彻底信仰。此外，彻底信仰的上帝是伟大的万能的主和施行仁慈的主！

然而，彻底信仰无论何时何地以任何积极的形式出现，它都是一种显示，一种调和。就其本身来说，没有个人的反应和参与，它是不会出现的。要不是绝望地摔跤、有想象的洞察、有原因的奋斗和有意志的训

---

① Niebuhr, Responsible Self, pp. 139, 120
② Niebuhr, Responsible Self, p. 144. Cf. Radical Monotheism, P. 125.

练，他就不会被给予①。但是除了个人体验和努力以外，要求一种更重要的东西：在共同和个人历史中，这是人类信仰的展示和可信赖表现。对基督徒来说，耶稣基督的事件是：这种信仰在那里已经得以证实，信仰的调节在那里已经开始。

在我们所信仰的救世主那里所看到的责任本身正发生在我们种族的所有人当中，责任自身具有普遍性并且永远都是做出响应的"我"的责任。在全体社会没有尽头的时间中，所有的行为都发生在对他的行为的答复上。对一个人的行为答复，这个人治愈我们所有的疾病、饶恕我们所有的不公，救我们的生命于毁灭当中、用他那无止境的仁慈使我们显得高贵②。

耶稣基督用道成肉身体现了"一个无限的宇宙和无限的责任，谁把他当作对生命负责的榜样他就把信任施与谁"。③

最后，H. R. 尼布尔提供了解释所有道德行为和重新解释所有伦理体系的责任理论。在这一理论中，他不把道德当作所渴望的事情或者结果（目的论 teleology）或绝对规范（义务论 deontology），他主张我们应把道德理解为适宜的反应（责任）。这样就可以说，每种道德行为都是对发生在我们身上的一种由社会约定的、饱含感情的行为的反应，这种反应在价值和义务的要求指导下，个人和持续责任就会被群体所共同分享。在工作中，所有的反应都是对生命设计之事件的基本态度和理解。这些基本的定位最后减到只剩下两种可能的反应形式：第一是对道德行为的普遍背景的防御（response—defensiveness），第二是对道德行为的普遍背景的信任（faithfulness）。但是，尽管信任看起来是责任内的动

---

① Niebuhr, Radical Monotheism, P. 124；Responsible Sefl, PP. 119－21.

② Niebuhr, Responsible Self, pp. 144－45.

③ Niebuhr, Responsible Self, PP. 161－78.

力要求，在自然道德中它仅仅是以可能性和需要性而表现出来的。如此说来，自然道德在它自身之外指出了一神论的道德规范。现在，我们还必须从"负责任的自我"中看清 H. R. 尼布尔道德理论中的一神论关于道德责任的内容和背景。

第二节　负责任的自我

在责任的概念里，H. R. 尼布尔发现了一个理想框架，用以说明彻底一神论的道德规范。在很大程度上，在彻底一神论的伦理和责任之间存在的这种亲和力来自这样一个事实：H. R. 尼布尔不是继承或者修改其他人对责任理论的分析，而是从仔细琢磨中发展自己的责任理论的。确实，为了发展这个概念，H. R. 尼布尔比其他任何探索这种伦理模式的人付出的都多。

毫无疑问，最终 H. R. 尼布尔通过详细说明瞄向终极的终极道德传统，使他的综合责任理论得以形成。但是，即使不考虑基督教信仰对H. R. 尼布尔有意识和无意识的影响，责任的概念和思想是完全服从他要达到呈现一个负责任自我的目的的。为了能够把彻底信仰的特征分析并整合在一起，责任是一个有用的范畴。在 H. R. 尼布尔的彻底信仰中，上帝是唯一之主，个人对人类群体属性的预期与人的持续更新从来没有间断过。责任为 H. R. 尼布尔提供了一个宗教和伦理相互影响的框架，这种伦理既不会脱离宗教和道德，也不会脱离个人和社会。

通过他对个人和群体道德进行分析的研究方法，H. R. 尼布尔把二者完美地交织在一起。个人和群体道德的差异不会和一些神学上出现的那些个人和社会伦理分裂的研究相混淆。H. R. 尼布尔对这样的分裂不抱任何同情，但他的确辨别了个人和群体之间所存在的道德区别，也就是说他辨别了负责任的自我（responsible self）和负责任的宗教（responsible church）之间的区别。

作为一个伦理学家，H. R. 尼布尔花了大量的精力来研究和解释责任概念自身。当然，早期他并没有涉及诸如机构道德和团体道德的内容，在他早期的职业和研究中，他花费了很大的精力来研究宗教伦理学。H. R. 尼布尔一直假定，道德主要存在于体验以及感觉、思想、决定之间的关系上，这种看法在他生命中的最后 20 年的教学和写作中和表现得很清晰、明显。他认为，对责任自身的专注不包含个人主义或唯意志主义，道德参与者不是孤立的个人，不是孤立地选择他的命运或决定他的职责，相反，道德的处理是历史和社会在特定情形下所表现的上帝和邻人的行为。这样，H. R. 尼布尔的一神论的伦理就集中在了揭示忏悔的基督徒生命中的责任特色、模式和策略上。

一、彻底责任的特征

从本章第一节的内容介绍我们知道，所有的道德行为都表现出其基本的反应、解释、义务和社会稳定结构，每个有道德者在群体所分享和理解生命的意义中，都应做出自我的反应和负有责任。但是一些特殊的人，当他们生活在完全不同的其他群体里时，可能并且确实不同于他们应该负的责任并会远离其义务。每一个群体的道德都有它自己所理解的责任中心和责任范围。比如在一个有种族主义的群体生活中就有一种伦理：扩大人的价值感和个人的义务，但它决不会超出"超种族"的界限。人文主义的伦理包括所有的人都在道德关怀的圈子内，因为家庭是人类利益和义务来源的总和；但是，人文主义者发现在死气沉沉和生机勃勃的环境中，人的生命是无价值或无义务的。对此，H. R. 尼布尔提出，和所有价值的有限中心和价值圈相比，一神论伦理是上帝中心说和普救说。

　　H. R. 尼布尔伦理学最为关键的特征是他的上帝中心论①。正如他经常做的那样，他通过和其他持不同观点的人的对比来为自己的立场做说明。上帝中心主义伦理显然不同于彻底的一神论这样的道德体系，彻底的一神论只是在几个有限的术语内论述，在几个有限的概念上来为仁慈和义务下定义，比如在个人愉快（快乐主义 hedonism）、社会福利（功利主义 utilitarianism）、自卫本能（生命主义 vitalism）或者连贯理性（形式主义 formalism）等等几个术语上论述。但是以上帝为中心的伦理必须和那些"华而不实的代理品"区别开来，因为它们经常忽略以上帝为中心的伦理②。他认为，只有通过历史上的中保和认清可能出错的权威著作，上帝才能被认知。基督徒取代教会权威、《圣经》教义或上帝的启示总是件危险的事情。H. R. 尼布尔再三警告，谁背负救世主的名义，谁就把他们的信赖和忠诚投放到了容易出错的中保和权威身上，而不是超出他们之外的他们所揭示出的永远正确的上帝那里。但是，就像那些身体、心智、国家或者地球中心不能否认上帝中心主义一样，教会中心、《圣经》中心或者道德中心伦理也不能否认上帝中心主义。的确，有时候投错中保与其说是世俗道德，毋宁说是对基督教伦理的曲解。

　　相比之下，彻底一神论并不把自己的信仰中心放在有限的存在或价值上。为了避免歧义，H. R. 尼布尔在使用上帝作为存在或作为至善的

① Niebuhr. "Evangelical and Protestant Ethics," P. 220；Radical Monotheism, PP. 31 – 37，112 – 13；"Responsibility of the Church for Society." pp. 117 – 18.

② Niebuhr， "Evangelical and Protestant Ethics," pp. 220 – 22；Radical Monotheism, PP. 49 – 63.

概念时十分谨慎，因为这种把上帝的特征概括为超在和权力的体现的做法很容易把上帝等同于有限存在和有限价值的总和。但是，对 H. R. 尼布尔来说，上帝既不是有限领域的组成部分，也不是一个整体。为了更清楚地表达，他写道：

我用"存在原则"（principle of being）和"价值原则"（principle of value）这些术语来区别"最高存在"（highest being）和"最高价值"（highest value），或者"存在"（Being）和"善"（the Good）。因为存在原则不会立刻被认为存在，价值原则也不会被看作是价值。正如像许多神学家宣布的那样，"上帝超越存在"（God is beyond being），他们也应该说上帝超越价值（God is beyond value）①。

彻底一神论伦理就是以上帝为中心的伦理，它是把上帝作为信仰中心的生命模式，在这一生命模式中，上帝是所有存在和价值的源泉和标准。

在 H. R. 尼布尔的上帝中心伦理中，上帝不是一个主体王国的立法者（义务论伦理 deontological ethics）或者一队建筑者的计划制定者（目的论伦理 teleological ethics），上帝是道德生活的中心。更确切地说，上帝就像一个代理商社区里的主要代理商，就好像人类社会的第一个人，上帝自身就是道德的中心②。在基督教信仰的伦理反应里，所有的道德行为都是人类对神圣行为的一种反应，人类的规则总是来源于神的启示。道德义务总是对上帝在一个神圣的情形下正在做的事时做出贴切的反应，是人类之间的相互作用。这样，H. R. 尼布尔把康德的话加以改述，用一句直白的祈使句总结出了基督伦理的核心内容："发生在你

---

① Niebuhr, Radical Monotheism, P. 33.
② Niebuhr, Radical Monotheism, pp. 44 – 48.

身上的所有行为都是上帝作用的结果，所以对发生在你身上的行为作出反应，就是对他的行为做出反应。"①

那么，上帝做的什么事情需要我们产生反应呢？对 H. R. 尼布尔来说，对那个问题的任何答案都应该是把上帝的力量和上帝的仁慈结合起来，上帝的行为不能被分割，他的力量是实施的，他的仁慈只为特定的人或特殊的事件而实现，上帝的行为必须一直都是仁慈的。尽管人们有很多不信和猜疑、苦楚和失败，对上帝作用在我们身上的行为做出反应，就意味着对群体存在和群体价值负责，并为上帝的存在和价值负责。

以上帝中心主义为直接依据，H. R. 尼布尔提出了关于道德责任的普救说。对上帝在任何时间和任何地点的所作所为，都必须做出道德反应。在它的中心，上帝赋予所有的事情以价值，从所有的事情上命令群体对所有的事情负责。

在 H. R. 尼布尔的道德主张中，人的价值以上帝为中心但是它们又不局限于上帝。相反，一种以上帝为中心的道德必须承认所有事物的价值，因为它们涉及了上帝，事物都有价值，并且上帝和所有的事情都有关系。对 H. R. 尼布尔而言，价值总是理性的财产②。在人或物中价值和意义不是固有存在的；与此相反，价值只有在为其他事物带来益处和从其他事物中得到益处的互惠关系中才能产生和持久存在。尽管听起来有些危险，显然 H. R. 尼布尔认为，无论是上帝或是人都不能从他自身获得价值，只有从彼此的相互关系中才拥有价值。

当然，在有限的关系里产生的价值和那些从无限的上帝中起源的价

---

① Niebuhr. Responsible Self. P. 126.
② Niebuhr, "The Center of Value," pp. 100 – 113.

值有区别。人的价值关系是派生出来的，而上帝的价值关系是自然产生的。上帝赋予所有有限的事物以价值，并且通过这些价值维持事务之间的相互关系。这就意味着被赋予神圣的价值从来就没有过也不曾存在过，尽管耶稣的复活事件中的神圣价值是以消极的途径出现的，但也只是有限的价值。用 H. R. 尼布尔的术语来描述，就是："信仰是所有被人们认可的有益的东西不能说明的，当然，无论有益的价值是什么，都是有限的，只有彻底信仰上帝才是最正确的①。"不是所有的事物和其他的事物与上帝都是正确的关系，和上帝关系是正确关系的价值是无限价值，凡和事物是正确关系的价值是有限价值。因为无限价值和上帝保持着正确的关系，所以它们真实的、潜在的仁慈基本上还完整无缺地保留着，但那些有限价值，由于潜在的仁慈已经缺失，它们就处在与上帝的非正确关系中。为上帝储备无限价值正是为了保留万物的有限价值。

上帝价值的普遍赋予创造了已拥有和正在拥有价值的群体②。在此，H. R. 尼布尔用同样的方式将上帝中心主义伦理和具有较小中心价值的伦理作了一下对比，他把普遍群体的伦理从那些较小的群体中分离了出来。事实上，确定一个伦理是否是上帝中心主义伦理的最快途径是测定它是否是一个真正意义上的普遍群体的伦理。和所有"封闭社会"的伦理不相同，H. R. 尼布尔主张："当我对这一个创造性的力量做出反应时，我就把我的伙伴、正常人、低于正常人的人和超人放到一个普遍群体中，这个普遍群体不是以我，也不是以任何有限的人或事为中心，而是以超然的力量为中心③。"

① Niebuhr. Radical Monotheism, P. 38; cf. PP. 108 – 9.

② Niebuhr, Responsible Self, PP. 86 – 89, 171 – 72; "The Responsibility of the Church for Society," pp. 119 – 20.

③ Niebuhr, Responsible Self, PP. 123 – 24, italics mine.

为了避免人们对这个普遍群体引起任何误解，他在这个题目上做了大量详细的阐述。在彻底的道德里，"存在中的邻人"（neighbor in being）包括了关系远的和关系近的、信徒和非信徒、朋友和敌人、活着的和死去的、生机勃勃的和死气沉沉的、真实的和想象的、宏观的和微观的①。总的看来："他既是个凡人，又是天使；他既是生物，又是无机物，他是参与存在的一切。"②

这个普遍群体里的所有成员都应该为存在中的邻人负责③。从哲学方法上，H. R.尼布尔多方面描述了对邻人的普遍义务和普遍责任的意义。普遍责任是一个寻找和保持正确的、普遍的关系网络，在普遍存在中的这些关系网中，人们寻求"为什么带来好处"（good for）和"从哪里得到好处"（good from）的潜能就得到了实现④。H. R.尼布尔用更多抒情诗般的个人语言描述普遍责任，他说，普遍责任就是要用一颗欣喜和敬重、感恩和忠诚的心爱你的每一个邻人。正如我们所看到的，这种爱不排除限制、惩罚邻人，甚至不排除和邻人发生争斗。不管用什么样的术语描述，彻底道德创造了一个普遍的兄弟关系，在这个情同手足的关系中每个人都是其他兄弟的监护人，这是 H. R.尼布尔明确的普遍群体的观点⑤。

这样，H. R.尼布尔用上帝中心说和普救说把责任或者彻底一神论的特殊含义做了详细的说明。再没有其他的陈述能比 H. R.尼布尔的陈述更能表达这些特征了："彻底的一神论弃除了原理上的所有的绝对缺

---

① Niebuhr, Radical Monotheism, PP. 34 – 37, 126；Responsible Self, P. 83；Purpose of the Church, PP. 37 – 39；Meaning ot Revelation, PP. 166 – 67.

② Niebuhr, Purpose of the Church, P. 38.

③ Niebuhr, Responsible Self, pp. 107 – 9.

④ Niebuhr, Radical Monotheism, PP. 100 – 113.

⑤ Niebuhr, Purpose of the Church, pp. 37 – 39.

点，同时它尊重每一个存有关系的事物。它的两大格言是："'我是你的主，你的神，在我之前没有其他的神'和'不论是什么，都是善的①'"这个包容的形式包含了一神论伦理的整个意图和所有内容。但是对道德责任的表达如此精练和简洁，仍然不能为人们在具体的境遇下做具体的决定提供一个可解释的框架。为了对作为上帝和邻人道德行为相互作用的生活中的每一境况做出解释，我们需要更加详尽地理解上帝的行为和人类反应的模式。

二、对上帝行为的反应模式

对 H. R. 尼布尔来说，道德就是在我们和邻人的相互作用中、我们通过这种相互作用对上帝作用在我们身上的行为做出"适宜反应"（fitting response）②。"适宜"这个概念强调了所有道德反应的背景特征和可解释的特征。在特定的情形下，道德行为者必须决定什么样的行为是适宜的，什么样的行为是不适宜的。对于它的反应不能用一套道德标准或道德研究案例来预先规定或保证。必须像"一本书中的一个句子适合某一段落、一个音符适合一曲交响乐中一个乐章的和音、吃一顿有利于家人长寿的普通膳食、一个政治家做出一个适合本国国民和其他国民之间正在进行的行动的决策，或者如一项科学发现必须适合科学历史"一样，一个适宜的道德反应必须符合特定的场合③。

这意味着，像其他的所谓"景遇伦理学家"（situation ethicists）那样，H. R. 尼布尔相信，指导具体决定的规则来源于具体情景的指示。必须在上帝和人类相互作用的每一具体情形之下，重新决定道德义务。

---

① Niebuhr. Radical Monotheism, p. 37.
② Niebuhr, Responsible Self, pp. 60－61.
③ Niebuhr, Responsible Self, P. 97.

不过，和其他一些情景主义者不同的是，他没有像英国的罗宾生主教（Bishop Robinson，新正统派神学家）那样求助直觉捕捉或者像约瑟夫·弗莱彻（Joseph Fletcher，美国境遇伦理学家）那样求助爱之诡辩来判断上帝在具体情景下正在做什么。相反，H. R.尼布尔利用上帝的行为和人类反应的一定模式来说明上帝在具体的情形下正在做什么或他的要求是什么。他运用这些模式不是对每个道德决定的相对性进行否定，恰恰相反，他借用这些模式是为了把它们作为道德反思中鼓舞人心的典型。H. R.尼布尔通过命令和精选的典型以及想象方式，以虚拟推理的形式得出宗教和道德对上帝应该做出的反应。这样，他所用的模式不是逃避而是使用了道德相互作用的情景特性。

那么，H. R.尼布尔说明的道德责任模式是什么呢？当然，H. R.尼布尔频繁地使用"救世主范式"（paradigm of Christ）来作为道德模式的例子：以他所遭遇的苦难、他矢志不渝的信仰、他以上帝为中心的美德来说明道德责任①。但是，在他的成系统的伦理演讲中，他经常使用"三位一体"模式来说明道德责任：道德行为指对作为万物的创造者、审判者和拯救者的上帝所正在做出的反应。

在讨论这个"三位一体"模式之前，我们首先需要注意几个问题：

第一、H. R.尼布尔的三位一体模式不是对《圣经》或教义中的三位一体论已有权威的妥协，因为 H. R.尼布尔用三位一体是因为过去的权威们的道德生活和 H. R.尼布尔时代的道德生活不同。

第二、H. R.尼布尔不是按照上帝先是创造了人或世界、而后对人或世界进行判断、然后拯救人或按照世界的时间的先后顺序或者划分的

---

① See Niebuhr, Meaning of Revelation, PP. 186 – 87; Responsible Self, PP. 162 – 73; Christ and Culture, PP. 11 – 29.

时代来运用创造者、审判者和拯救者（Creator, Judge and Redeemer）这几个概念的。在任何时间和空间内，上帝的行为都只能是一个，那个单一主的行为总是在同一时间创造、审判和拯救这个世界的。

第三、尽管上帝的这三个行动没有时间的先后顺序或可持续的顺序，但是，有一个"逻辑"顺序。在 H. R. 尼布尔的思想里，拯救要比创造和审判重要。确实，我们只知道我们存在价值的真实本性，还有从上帝启示和耶稣基督调节的观点中知道我们的局限性和遭受的苦难。

H. R. 尼布尔认为，所有的自然信仰和自然道德都起源于彻底的信仰和负全部的责任。如此这般，他对上帝创造和审判行为的理解就居于他对上帝拯救行为的解释之后，尽管在他的"三位一体"模式的演讲中，总是在最后讨论拯救问题。对这三点了解之后，现在我们就来对 H. R. 尼布尔所理解的道德是对作为创造者、审判者和拯救者的上帝的行为的适宜反应加以讨论。

在上帝作为创造者时的行动之上，H. R. 尼布尔创建了一个"肯定世界的伦理"（ethics of world affirmation）的观点。他对上帝创造活动的解释不包括这个世界是什么时候、怎么样或者为什么形成的；相反，他的"创造学说"（doctrine of creation）解释了在任何空间和任何时间里，上帝对这个世界的关系的基本属性和结果都一直存在着。由于上帝在这个世界上持续不断的创造，从整体上说，创造是可知的、有目的的和有益的①。

在 H. R. 尼布尔上帝创造观点的背后是他的关系价值理论。正如我们从上面知道的，所有的价值都产生在"带给益处"（good – for – ness）和"得到益处"（good – from – ness）的关系里。所有事物都是通过依

---

① Niebuhr, "Christian Ethics," pp. 132 – 47.

靠和服务从其他形式繁多的事物（人类的、低于人类的和超人类的 human, subhuman and superhuman）中获得价值，由此它们之间相互作用。但是，和卓越的"中心价值"相比，这种关系价值不具完整性和持久性。中心价值给万物带来益处，并要求所有的关系公正。对 H. R. 尼布尔而言，上帝是价值的中心（center of value），他创造和维持了一个世界，无论是从整体看，还是从它的各个组成部分看，这个世界都是至善的。

人对上帝的这种创造行为的适宜反应是彻底的"肯定世界"（world affirmation），但是只有在彻底信仰的情况下，这种反应才有可能发生。维持大多数有限关系的是公正，在自然人的眼睛和信仰看来，隐藏在万物后面和里面的那一力量更像是一个破坏者，而不是一个建设者。但是在伴随彻底信仰而来的生活改革中，这些关于我们自身和我们生活的总的环境的看法和观念开始发生了变化。事实上，从我们对上帝价值和上帝创造物反应的变革中，H. R. 尼布尔看到了五个阶段：

第一阶段：对我们的存在的认可和对万物公正的认可。这个初始阶段之后紧接着就是第二阶段："什么是应该是"（what is, ought to be）的主张，因为人们相信上帝不但能从成功的关系而且还能从失败的关系中带来至善。第三阶段是当我们把上帝当作造物主而对他反应时，理解万物在不可思议的井井有条和可怕的杂乱无章中，万物是怎么样的。第四阶段是通过审慎地、又满怀欢喜地寻找和接受上帝所创造的至善，那种"思考他之后的造物主的想法"（thinking the thoughts of the Creator after him）推动了上帝所创造的万物的培植和滋养。最后阶段是，人对上帝的最高反应是通过分享取得的成绩和和谐关系，模仿上帝的创造。在草拟对造物主上帝反应的这几个阶段时，H. R. 尼布尔并没有忽略伴随这些反应的困难和灾难。他明白，当以上帝的无限价值中心对上帝做出反应时，我们并不能自动解决那些在生命的有限价值和价值评定者之间存在的难题。尽管可以断定，无论是带给上帝和从上帝那里得到，只要对万物信任就都是善；但是在实践中我们必须从至善中做出选择：喜欢这个人而不是那个人，拥护这一声明而不是那一声明，保护这一团体反对另一团体。我们怎么样能够从价值偏宠和价值冲突中摆脱出来，从而对具体的问题做出公正的判断？

　　H.R.尼布尔没有提供如何从较大善和较小善之间做出选择的简单可行的公式，但是他确实提出了三条有用的指导方针。第一、不要在他人和自己之间更喜欢自己，因为"你被上帝和你的邻人所爱，所以你不必进行自爱"①。第二，选择喜爱与否的原则是，为你服务中的最需要的价值服务，而不是为那些被认为是最高的价值服务。第三，不仅为最贫困者服务，而且为最接近自己的人服务。虽然遵循这些规则并不能让我们消除在做决定后我们所付出的牺牲和遭遇的苦难，但是我们可以拥有这样的信心：我们生活在一个世界里，这个世界所遭受的苦难是建设性的，而不是破坏性的，因为上帝包扎和治愈了所有的伤员。但最终，尽管善意的反应是他的唯一，善的责任也是如此的难以达到完美。

　　在上帝的创造行动这一观点里，它暗含的和显化的含义都在于承认："无论怎样都是善的"（whatever is, is good），而不是"每件善的事情都是公正的"（everything that is good, is right）；在上帝至善的世界里，由于错误的关系和错误的关联，造成生活的无序和错乱。我们服务自己优先于服务他人，我们只爱我们的朋友，我们宁愿相信有限的事物也不愿相信上帝。对 H.R.尼布尔来说，这意味着上帝在世间的行动展示了一个判断的模式，同时也展示了一个创造的模式。但是，正如我们

①　Niebuhr, "Christian Ethics," P. 147.

就要看到的那样，上帝只有在改变错用和滥用他的至善的创造时才会停止他的判断行为。

为了对上帝统治世间做出反应，H. R. 尼布尔发展了"限制伦理"（ethics of limitation）的观点①。这一观点认为，在上帝的至善世界里，没有田园诗般的自由和和谐生活，更多的是我们遭受着并造成了局限和瓦解的痛苦体验，我们都逃脱不了 H. R. 尼布尔的话语："整天消磨时间"（killed all the day long）。但是，如果想弄懂这个世界断言和变革的话，就必须把这些体验理解为上帝创造和拯救意图的表达形式。

H. R. 尼布尔以讨论这些局限性来展开他的"限制伦理"，由于这些局限性是动物或人存在的持久特征，故是苦恼和欲望的永久源泉。我们的体力总是受到限制，是因为那些具体存在的事物需要从物质世界得到空间和支持，同时遭遇来自其他具体存在事物的竞争和攻击。我们的智力受限制，是因为我们对我们自身和这个世界的理解力有一定的范围和具有相对性。我们在社会地位上受限制，是因为我们只和那些比我们强大和强壮的人打交道，但是在所有有限的事物里面他们有冲突，也有失败。所有的这些局限性压迫我们，导致我们痛苦，就像我们压迫他人导致他们痛苦一样。在与局限性和外来侵犯的斗争中，我们的世界被分割为同盟和敌人，圈内人和圈外人，朋友和陌生人，并且我们给这些区分分配不同的价值、权利和好恶。

H. R. 尼布尔相信，彻底信仰能够用不同的模式即一元论而不是二元论以及是和谐而不是分裂来解释这些局限性和对抗性的体验。在这些体验中他认识到了上帝独一权力的行动，这种权力出于完成最终的更新和完善限制，这种行动有时甚至是出于破坏有限事物及其关系而采取。

---

① Niebuhr, "Christian Ethics," PP. 147 – 67.

很多人认为局限性是罪恶和死亡的源泉，而他认为正是局限性这一状况，构建了康乐和生命。因为每个人都是半自由的，都要受其他人的限制，所以人们之间存在一定程度的相互依赖，上帝这个法官正是通过人的相互依赖性来控制这个世界的。如果不是冲突和灾难，这个互惠就不可能实现①。确实，上帝的世界是由灾难和不应得的成功而构成的世界。人们都想得到报答，所以人们便天真地去忍受满是邪恶和侥幸的罪恶。生活和历史都不会完全按照比例去分配报酬和惩罚，但是上帝的控制把所有的生活和行动、得到和失去都变成了对每个人的善和对所有人的善。

正如上面已经指出的，这种认知到生活中的压制状况的体验对于彻底信仰来说是有意义的。看到上帝用让人忍受灾难的结构方式所采取的行动，H.R.尼布尔提出了两种适宜的回应方式②。第一种是自我否认的回应。这并不是说让一个人在忏悔和补偿自己缺点里人对自我进行否定，相反，它的意思是，既然我们从未被专门或亲自标定为"我被宠爱"和"受惩罚"，我们应该以"冷淡"（impersonal）的方式对待取得的成功和遭受的损失。更深一层地说，自我否定的意思是把所有的局限性体验看作一种管教。但是没有一种生命的局限是被武断地惩罚，大多都是因为我们盲目的爱和忠诚而导致这种结果：优先权和关系的解散。但是伴随这种解散的所有灾难能使生命重塑。最后，自我否定反应的意思是把我们所受的局限性看为对生活在一个相互依赖和不完美的、有限存在和价值的社区里生存的一种代价。

---

① Niebuhr, "Toward the Emancipation of the Church," p. 144; "War as Crucifixion," PP. 514 – 15; "War as the Judgment of God," P. 631; Church Against the World, P. 154; Meaning of Revelation, PP. 186—87; Radical Monotheism, p. 125.

② Niebuhr, "Christian Ethics," pp. 160 – 67.

对上帝控制行为的第二个适宜的反应是对他人的约束（the restraint of others），有时候这种反应要比自我否认更加难以操纵。在冲突是可以创造的也是可以更新的人的自信中，忠实必须用来抑制邻人的利己主义和邪恶。消极被动的不抵抗也许是一个人对侵略他的人的一种反应，但是它不是当遇到一个第三方对抗邻人进攻时的负责任的反应。我们应该抑制他人的罪恶，一方面是为了他们，同时也是为了我们的邻人和我们自己。但是，在限制和约束他人时，我们必须一直肯定他们最深处的善良，并且通过改善我们的方法来寻找实现他们善良的途径。这意味着控制和约束、纪律和处罚必须是仁慈和有益的，反过来就是说这些控制和约束、纪律和处罚必不能为他人带来破坏。总之，通过压制他人来对审判者做出反应必须是在这样的情况下而采取，让他们充分认识到之所以对他们采取这样的方式是因为他们自己不完美，所以需要他们的克制。正如 H. R.尼布尔简明指出的那样："基督徒之间的约束是罪人对罪人的一种克制"①。

这种积极的、创造性的、对局限性的反应意味着可以为我们和他人的生活带来一个新的开端。出现在这个世界并审判这个世界的上帝既不是一位温和的信仰自由主义者信仰的和蔼可亲的父亲，也不是一位苛刻的保守主义信仰的复仇心重的神，他是永恒的创造者、审判者和拯救者，"先知们和圣徒们看到了他的降临以及他的工作②。"换句话说，上帝的行动是一体的。目睹上帝的判断行为就是目睹上帝毁坏我们所信的偶像和我们自我隔绝的地狱，目睹上帝驱使我们认识到，他是我们更新个人价值和重建这个宇宙群体的唯一依靠。为了全面了解 H. R. 尼布尔

---

① Niebuhr, "Man the Sinner," p. 280.

② Niebuhr, Church Against the World, p. 12, italics mine.

的关于上帝全部行动的图景，我们就必须把上帝的行动看作是拯救者的行动。

H. R. 尼布尔最终的、最具有权威的上帝的行动和人类反应的中心模式是上帝作为拯救者的模式。第三种景象事实上表达了上帝在世间工作的全部内容和实质。只有当我们知道所有事物之内和之外的力量都是善的时候，才能欢喜地肯定整个宇宙的价值；只有当我们知道生活中的限制和损失最终不能把我们从上帝对普遍群体的毁坏行动分离出来的时候，才能接受生活中的限制和损失。一句话，"重生伦理"（ethics of renewal）是基督信仰和彻底的一神论信仰的核心。

H. R. 尼布尔经常用"悔改"（metanoia）这个术语来刻画彻底信仰中上帝的行动和人类的反应。他运用自如地为这个意思为"精神变化"的希腊单词找到了很多同义词：悔改、变换、拯救、重新发表、重新解释、改革、改造、恢复、整编、变形、转化、重新评估、转型①。但是，所有的词都是对上帝在我们这个世界的行为和人类对上帝反应的行为变化的可靠表达。

在讨论人类对这种拯救运动的反应之前，两个提醒必须论及：

一、对 H. R. 尼布尔来说，在人类历史或个人存在中，没有逐步前进的拯救成就。新的生活水平和新的认识深度在上帝对这个世界实施拯救的时候已经形成，但是这不完全是积累或连续而形成的。每一次前进都为背信弃义和野蛮带来新的机遇和倾向。上帝的创造和审判，还有他的拯救行为运转在任何时间和空间内。

二、上帝的拯救行为并不仅仅局限于基督教的历史或基督教的启

---

① Rexford F. Tucker. "H. Richard Niebuhr and the Ethics of Responsibility"（Ph. D. diss.，Drew University，1970），P. 164

示。但是，基督徒坚决不能把他们的宗教神学和宗教道德强加在整个人类历史上，他们也不能够否认以耶稣基督显现的上帝是天堂和尘世的共同主人。因此基督徒被迫对所有事件和行为作反应，因为那个上帝的拯救行为包括全部存在中的伙伴（不管是普通人、低于一般人的存在形式或者是超人类的存在）。

那么，什么才是对上帝在万物内部和穿越万物、为了万物和通过万物的更新运动的适宜反应呢？对上帝的拯救行为反应意味着参与和参加上帝的行动，这项行动在基督耶稣那里被理解为富有冒险性的爱和代他人受难。分享上帝对所有事物的更新意味着愿意为万物的完整性和群体的完整性而工作，我们尽可能地，甚至冒着为我们自己和他人受难的代价而帮助每一个事物实现它们和其他事物之间相互联系的可能性。"重生伦理"（ethics of renewal）更多地、更具体地集中在个人和社会责任上，呼吁在我们这个世界上——上帝的"永久改革"（permanent revolution）之光的世界上，重新思考我们所有历史的过去，思考现实的经历和展望我们的未来；这就意味着把国内历史和国外历史、个人生活和公共生活的方方面面全都交织在一起。分担上帝重建和调解万物的工作就典型的意味着忏悔和改造世间的爱和忠诚。尽管对生命的重新思考和重塑十分困难，但 H. R. 尼布尔认为，只要我们彻底相信上帝会作用于我们并且会给我们胜利，它们就有可能实现。

对上帝行为用三位一体的模式描述是 H. R. 尼布尔思考道德问题的推理模型。对上帝的情景反应不是以上帝在某个情景下会做什么的直觉或者心中的准则为基础，上帝的意志和上帝的工作不是在直接遭遇中被洞悉，也不是在普遍原理下被铭记。但是，H. R. 尼布尔确实坚信，当上帝以造物主、审判者和拯救者的身份、在道德相互作用的情形下对我们产生行为时，通过解释这些情景我们就能够而且的确可以亲自遇到上帝。在描述这些形象的基础上，H.R.尼布尔嘲讽了那些在具体情形下运用提出"什么将要发生"（what is going on）和"什么是恰巧"（what will fit in）的问题来指导发现的研究者的态度。但是H.R.尼布尔鼓励运用其他的为即将到来的道德决定提供说明的资源，而不是只运用可供启发的模式。事实上，他欢迎对道德生活的任何策略进行观点表达，指导道德策略的运用，只要它们能够为上帝为中心道德说和普救道德说有用。

三、道德决策的策略

对H.R.尼布尔来说，对上帝三位一体性质的反应不是要求对存在的关系和主流道德进行批判或给予放弃，但是要对它们进行"批评和重建"（criticism and reconstruction）①。正如我们所看到的，彻底信仰不是对自然信仰的一种完成或者毁灭，而是它的一种彻底转换。同样的方法，彻底的道德不是对人类自然道德的批准或废除，而是一种根本性的重新评估②。这是在以上帝为中心的普救说的道德责任的基础上对所产生的全部道德行为和道德反思的再次精心评估的一个过程；在这个过程中单一抽象的或包含众多的基督教伦理体系没有诞生。与此相反，以上帝为中心的普救说的伦理允许并要求很多相关的价值体系，它们中的每个体系在它们如何看待道德的相互作用和责任这些问题上都是假定性的、限制性的，但是每个体系都为解释具体情形下正在发生的事实和实施作用的价值起着有益的作用。基督教伦理学家需要在理解他在发生行为的个人和制度关系的结构里得到的所有帮助。他需要知道位于个人和

---

① Niebuhr, "Value Theory and Theology," P. 116.
② Niebuhr, Meaning of Revelation, pp. 175－91.

团体行为之后的信仰体系和价值结构。他需要理解各种各样的行为路线所产生的即将实现的目标和可能产生的结果。基督教伦理学家对一定道德情景下的行为和相互作用知道得越多，点燃他真实信仰和忠诚能力的可能性就越大，并能够把他们带向以上帝为中心的普救说。

　　幸运的是，H. R.尼布尔认为，彻底的一神论的伦理学不要求对人的举止和道德指导建造复杂的具有前瞻性的描述体系。在西方哲学和伦理学的长期实践中，基督徒和非基督徒一直是建立这个体系的巨大理论财富，因为他们提出了一些可利用的分析工具：原理和理想，动机和结果，义务和权利，美德和价值，自由和职责，良心和权威，罪行和惩罚等等概念。如果建立在批评和为彻底信仰服务的基础上，所有这些不同的对伦理反思的中心主题和类型，以非终极真理的表达方式来表达，对形成社会政策和情景决定是有用的。

　　H. R.尼布尔用自己的研究论述了对各式各样的、相互冲突的伦理学结构进行重建是如何进行的。他关于伦理学的演讲，事实上是和他与在伦理学理论的重要问题里的每一个实质上占主流地位的道德哲学家进行的一种连续的对话。他的神学和伦理学作品真实地反映了他和其他观点的活生生对话。为了向更满意的立场推进，H. R.尼布尔经常地、有代表性地对与自己相对立的观点中包含的优点和缺点进行玩味，这样可以吸取它们各自的优点，同时避免它们的缺点。

　　在他关于道德的两条主要陈述中，这种辩证的风格更为明显。对关于基督徒与文化生活之间关系的"转化主义者"（conversionist）来说，拯救者和文化的转换是一个微妙的争论。通过两种不令人满意的尝试：分体系或者自相矛盾地讲述基督教信仰和文化生活之间的关系，H. R.尼布尔从那些站不住脚的基督徒的反对与和解这两个极端转到了文化描述上，最终找到了一个比较适当的基督徒寻找改变自我的文化途径。

《负责任的自我》（The Responsible Self）提倡"责任"作为一个新的可供选择的办法对比较古老"目的论"和"义务论"进行替代。从责任这个方面来说，整本书是一场熟练演习，在对目的论和存在论的交替重铸的描述上或者在对它们的再利用上进行演习，并把这种演习作为加深和澄清责任这个词含义的方法。对 H. R. 尼布尔而言，这里没有蓄意的欺骗。这种思想和行动的方法是一个悔改（metanoia）的方法和一个"转换主义"（conversionism）的策略：为了联系、提炼和更新人特有的理解力，须在依据上帝的智慧的基础上来重新规划人的整个智慧。彻底信仰可以通过把它们置在一个唯一的道德中心和包含一切的义务圈内，从对所有道德生活的严肃定论的片面性的洞察中和发现定论的冲突中汲取经验和教训。

我们知道了 H. R. 尼布尔伦理学是怎样通过批判性澄清和修改存在的伦理体系来研究具体情景下的行为原理和决定策略的。但我们还必须注意到，无论是在他的教学中，还是在他的写作过程中，对于修改所做的工作却少之又少，同时，在解决具体真实的道德问题时，他很少运用具体的道德论证。在他出版的文章中，虽然提出了一些具体问题，例如针对基督徒应如何对中日之间的战争做出反应，他关注更多的是在这些情形下，上帝会怎么做，而不是人应该做什么样的反应①。伦理学一直是他在耶鲁大学的主讲课程，这个课程包括普通群体里重要而详细的责任问题：关于美国的、经济的、政治的和宗教的责任②。但是尚存的演讲稿的手抄本表明他很少有深度地或彻底地处理这些具体的问题的。这一对具体情景下的行为决定的分析缺失是否是他作为教授的"教学大

---

① Niebuhr，"The Grace of Doing Nothing，" PP. 358 – 60；"A Communication：The Only Way into the Kingdom of God." p. 447.

② Niebuhr，"Christian Ethics." pp. 179.

纲"式（列出问题但课堂上有所讲解）的问题还很难说。但是事实是，我们几乎不知道 H. R. 尼布尔是怎样通过具体情景下的行为而走向道德决策的。

　　H. R. 尼布尔的一些忠实的追随者同时也是他最严厉的批评者们认为，缺乏诡辩是 H. R. 尼布尔伦理学的一个严重弱点。H. R. 尼布尔看起来确实是一个道德行为的建筑师，而不是道德行为的工程师。他用压倒一切的美和可供识别的精度描绘出常规情况下的道德行为和具体情况下基督徒的道德行为及信仰背景。这使他能够用批判的眼光评价在一定道德群体的行为背后存在的真正信任和忠诚，并且通过揭露这些道德细节，使他能够富有建设性地理解以上帝为中心的普救说的道德责任的优势。但是，很大程度上 H. R. 尼布尔是在形而上的理论的层次上，也就是说在为重点范畴下定义和建立伦理反思的基本观点和范围的层次上对其他的道德观点进行了富有建设性的批判。

　　针对缺乏具体情景下的行为指导原则这一弱点，本章想指出四点：

　　一、即使是他处在没有显著特点的层次上来分析责任的结构和本质，H. R. 尼布尔的责任伦理学作为伦理学研究的重要内容一直被人重视，而且在他那个时代和在当今时代，他的伦理学出于对人的责任建设具有指导性价值的重要地位一直都没被剥夺。H. R. 尼布尔认为，伦理学家、基督徒和非基督徒已经强调了道德行为中理性思考的重要性。对事物是怎么样的和应该是怎么样的问题进行一些假设确实是道德行为的基础，并且应该在伦理学的调查中澄清和再形成这些假设。然而在现实生活中，这些假设更具有环境包含性（context encompassing）而不是情景的具体化。无论做什么道德决定，这些假设都会和背景联系起来，而不是像计算机编程一样把每一决定的规则都编制成程序。不过，这些环境包含性的假设是以价值需要为前提的，因此它们只支持人的特定类别的具体反应。

二、即使在使用上帝行动的模式时，不管是三位一体的观点，还是基督论的观点，H.R.尼布尔的伦理学都不缺乏新的内容。无论是从思想的角度，还是从行为角度，H.R.尼布尔都强调了语言符号有认知力量，同时也有情感力量。很多伦理学家在什么是神学家、什么是哲学家和什么是文学批评家（不包括教师、艺术家和预言家）的认识上有分歧，但是他们在对语言符合的使用方面具有共识：符号是人类思想的主要承载者，是人类行为的主要塑造者，是人类情感的主要表达者。比规定和反对更有意义的方法是用比喻和建立模型的方法来进行伦理学的反思。

三、在他的著作里缺乏具体道德行为的指导规则正是H.R.尼布尔伦理学体系优秀的内在原因。因为在不涉及具体情形来谈论道德行为时，他的观点才具有宏观性和新奇性，人们就有可能把它当做关于道德责任的高度概括性认识来对待。H.R.尼布尔不愿意给出具体的指导规则，这是出于他对人心和万物内部之间的剧烈变化认识较为深刻的结果。

四、在现实的情景下做出符合现实的道德决定，是H.R.尼布尔伦理学第四个优秀的原因。他对"上帝确实是我们这个世界和我们生命的创造者、审判者和拯救者"的清晰认识，毫无疑问能够引导我们明确道德标准，引导我们选择适宜情景并对一定的情景做出更有力的反应。在他最后的分析中，他认为道德行为是指个人对彻底的一神论的上帝做出的反应，而不是指一些人对彻底一神论的信仰。只有对上帝做出正确反应，才能决定我们对邻人的责任，这有利于我们在现实的情景下做出符合现实的道德决定。

如果我们在具体道德行为的层面上把握了H.R.尼布尔伦理学的道

德决策的策略，就会号召个人和群体去按照这些行为去行动。在 H. R.
尼布尔的早期阶段，他对道德的无为和修道院的劝告本身就是策略性建
议，而不是给他们程式化的规则。在他漫长的教学和写作生涯中，
H. R. 尼布尔呼唤信徒和教会通过使生命承担彻底责任和实施彻底信仰
的具体化行为来参加上帝永恒的变化。

第三节　负责任的教会

我们已经知道了 H. R. 尼布尔的关于自我生命中的彻底责任和义务
的责任伦理观点，现在我们就开始简要了解这些责任对群体尤其是教会
的意义是什么的问题。

H. R. 尼布尔用彻底道德的批判性和建设性力量来忍受一些世俗化
行为较为严重的群体，因为世俗化每天都影响着他们的生活。在他已出
版的作品中，他论述了彻底的责任存在于人类群体中的民主政治、现代
科学、高等教育和基督教会等方方面面的意义①。除了教会以外，
H. R. 尼布尔的论述是粗略的，但是，他关于责任民主、责任科学和责
任教育的是什么的观点，在今天看来对我们仍然具有启发作用。

我们首先不能误解 H. R. 尼布尔对教会的过多关注，因为在某种程
度上，他并不认为教会在道德建设上比其他的普通生活机构更加的严
谨。不过在 H. R. 尼布尔早期的研究生涯中，他认为教会是一个十分特
别的机构，他经常把教会作为谈论的首选话题，并认为作为人团体之一
的教会能够表达人的自然信仰和彻底信仰。H. R. 尼布尔反对教会为自

---

①　Niebuhr, Radical Monotheism, pp. 49 – 99.

己或为它的启示发表任何特殊的声明，因为这些自我夸大和自我防卫的声明是对彻底一神论的扭曲①。但是，他把教会置放到其他的人类群体之间，并且对它沦落到伪信的地步进行责难。他不是有意轻视或抹除教会的重要性，他的确相信教会和其他的社会团体存在差异。不像其他的人类群体，上帝在这个群体中发生着作用。教会直接关心的是如何依赖上帝并对上帝负责的问题，因为信仰上帝并对上帝忠诚是一定群体生活的清晰的而不是模糊的存在的目的，因而，教会在这个方面有独特的功能，而不具有独特的特性。

在此，H. R. 尼布尔更加关注教会对人类其他群体的改革上，教会的这一与众不同的功能是含蓄的。他对教会的批评点是教会的策略选择问题。他一直相信基督徒对教会和世界的革新是负有责任的，但是他认识到在优先权方面的差异。他怀着感恩的心情指出神学家（包括他的哥哥）献身于基督教的文化改革，他把自己看作是这些人的一员，但是他更关心教会的改革②。他相信时间需要一个负有社会责任的教会和为社会确立一个生动的责任榜样，因此 H. R. 尼布尔号召教会通过恢复道德的完整性、自然性和改革的任务性而成为负责任的教会。

一、教会的道德问题

正如上面所指出的那样，H. R. 尼布尔抵制所有蓄意分离个人和社会伦理的主张③。但他不否认在道德反思方面，在个人和社会之间能够而且应该做出区分。这里一个重要的区别是，一个人只代表他自己做事和一个人代表某一个团体做事是有区别的。区别是当一个人对另一个个

① Niebuhr, Radical Monotheism, pp 49 – 63.

② Niebuhr, "Reformation：Continuing Imperative," P. 249.

③ Niebuhr, "Christian Ethics," pp. 179 – 82.

体起作用时和当一个人对一个团体起作用时，在这些不同种类的相互作用中产生了不同的考虑因素和问题。但是 H. R. 尼布尔发现了正是这些区别转换成了不同系列的有害道德。人与人之间的关系被一种道德（例如爱）所支配，社会关系被一种道德（例如公平）所调节，而社会事务被另一种道德（例如共同的利益）所控制，如此繁杂的主张是对道德和责任的一种否定①。必须打碎道德的某一自我中心和责任圈，因为它们把道德本身切割为很多部分，把群体道德切割为很多碎块。因而，H. R. 尼布尔反对个体和社会责任的所有的蓄意的分裂。不管他是为他自己还是为一个团体办事，不管他是和另一个人打交道还是和一个机构打交道，一个负责任的人必须是在可理解的和守信的责任体制之上去做事。

这些区别确实产生了一些不可轻视和忽略的重要道德问题。当团体丢失他们的共同的道德时，会发生什么呢？当一个团体的道德和它的成员的道德观念发生冲突时，会发生什么呢？H. R. 尼布尔充分认识到，尽管存在着个人和群体都需要统一这个事实，但个体道德和团体道德之间的确有很大的差异。有时候，根据不同的情况，团体的道德比较地可靠，而有时候团体的道德不如它的成员的道德可靠。也许有人会否认这一点，因为他们认为团体道德仅仅是组成这个团体的人的道德的集中反应。尽管这一认识是正确的和真实的，团体是很多人相互作用的产物，他们决定是非的产物，但是从某种比较独特的意义上来说，简单地把团体道德和它现有成员的道德等同化是错误的。正如 H. R. 尼布尔在他历史概念中就明确指出的那样，每个团体都能经得住时间和变化的考验从而保持下来是因为他们的公共生活有组织，宪法被撰写、办公楼被建

① Niebuhr, "Christian Ethics," pp. 170 – 72.

立、程序常规化、风俗被遵守等等，这是群体联系的平台和持续发展的要求。这种社会结构显然是很有价值的，无论是从追求公共物产角度，还是团体的公共生活角度，这种结构都是团体与众不同之道义的具体表达——它潜在的情感和它基本的特性。从这种意义上来说，团体或者协会一旦组建就有了可区别的道德，尽管有时与它自己的成员所遵守的道德存在着矛盾。

H.R.尼布尔充分认识到了在人类群体的这种必要的结构中，道德对个人生活的冲击；他也知道在这种秩序和等级的结构中，发生价值和义务的变化是多么的困难。但即使这样，发生变化可能性也是存在的，因为社会结构最初是个体的产物——通常是创始人或改革家为了对挑战威胁群体生存的危险而进行反击，由此铸造了群体生活的手段。但是这种变化很慢，因为社会结构有它自己的成长方式，他们要依赖居住在他们内部的和为他们制定法律的独特的个人才能成长起来。尽管困难重重，H.R.尼布尔确实极力要求责任人重新改变他们所在社会的结构，以便这些人最终成为唯一上帝的责任人，为上帝的世界负责。

重新改变人类的所有群体结构的责任包括教会——并且突出的是教会，因为宗教改革是文化改革的前提。不考虑人数的因素，根据 H.R.尼布尔的判断，教会并没有在它有组织的生活和协定的努力中表现彻底宗教和彻底道德。教会有秩序的等级和传教团体，既定的宗教会议和宗教权威，还有和它有关联的神学和伦理学，它们都强烈要求彻底改革，因此必须把教会作为一个彻底责任的群体进行重新组织并赋予彻底的责任。

H.R.尼布尔为指出教会的责任建设做出了卓越的贡献。在他出版的著作中有相当惊人的一部分都是专门为教会的种类和任务而写的。他与丹尼尔·威廉姆斯（Daniel Day Williams，1910 – 1973，过程神学教

授 和 过 程 神 学 的 作 者 ） 和 詹 姆 斯 · M · 古 斯 塔 夫 逊 （ James M. Gustafson, 1925 - , 美国当代神学家、伦理学家）① 一起对神学教育问题进行了三年研究，这三年的研究详述了彻底责任以及协调传教的新形式。但是由于缺乏提供群体改革的详细计划或者没有能够提供包括一般的综合，H. R. 尼布尔停止了下来。但他认为，只有经过很多负责的个体之间的协定和冲突，教会的普通生活的新形式才能够到来，并且无疑地将会形成庞大的、全球化的信仰组织。为了给该教会的责任工作提供信息和鼓励该责任继续履行，H. R. 尼布尔提供了一个可信赖的教会属性和任务的蓝图。他认为，只有再次改变完全对立的现实和进行群体改革，教会才能变为有责任的教会。

二、教会的两极现实

对 H. R. 尼布尔来说，教会的责任是两极现实：教会堕入了自命不凡和自我保护的唯尊一神论的怪圈中。在《教会的目的》（Purpose of the Church, New York：Harper, 1956.）一书里，H. R. 尼布尔指出了教会表现的六类极性，或者是教会在这些极性中的运动②。

首先，作为两极现实的教会既是主观的，又是客观的，即教会是"上帝客观准则的主观极性"（the subjective pole of the objective rule of God）③。教会不是上帝的王国，它也不执行上帝的准则。由于没有一个人能够摆脱来自人类自身的局限和扭曲的限制，在人类群体里，上帝却被领会、膜拜、宣扬和模仿。教会不是唯一一个听上帝命令的群体，也不是唯一一个实施上帝拯救工作的群体。但是，根据基督徒的观点，教

---

① Niebuhr, Purpose of the Church, pp. 1 – 7.
② Niebuhr, Purpose of the Church, pp. 19 – 27.
③ Niebuhr, Purpose of the Church, pp. 27 – 28.

会是唯一一个上帝在其中显示他和谐本能和革新行为的群体。所以，从它有限的观点和不完美性来看，教会的责任一直是关注自身的客观信任，而不是对信任的主观接受或主观制定。H.R.尼布尔宣告，从这个极性中可以看出，重要的是"领略教会和上帝准则之间的差异：认识到神圣现实具有首要性和独立性，它能够并且的确可以离开教会、超越教会而存在，可以置教会于不顾；在人类和现实之间的关系中，接受自身的相对性是教会不可缺少的"①。

教会责任的第二个极性特征是群体和制度。教会是社区而不是组织和仪式，教会的成员资格是责任而不是从事普通的学说、祈祷和义务。教会是一个圣人和人类相互作用的社区。不过只有通过一定形式的和制度上的共同记忆和希望，充满活力的相互作用的社区才可以经过不同的时间和一代又一代人的普通生活而被持续下来。教会的责任既是一个有组织的社区，又是一个起作用的制度。

责任教会的第三个极性特征是教会的单体和复体。根据《新约》的类比，教会是一个拥有多个成员的有机体。对此，H.R.尼布尔确认，每一个国家的、派别的、地方的和暂时的教会是一个依靠加入整体而存在的教会。但是，每个教会都是组成整体的一部分。他说："教会是单一的，但又是多个的。教会是一个有复体移向单体，和由单体使自己多样化和详细化的教会。"②

与上面的教会的极性密切相连的含义是，教会是地方性的，同时又是全体性的；教会是现实性的，彻底信仰社区就是其具体的化身。这就意味着教会总是具有地方色彩，因为地球上的彻底信仰只有在充满历史

---

① Niebuhr, Purpose of the Church, P. 20.
② Niebuhr, Purpose of the Church, pp. 23 – 24.

性的社会生活中才能出现。但是地方化的社会预示着统一的教会的出现，即多于两种或者三种的教会会被统一在彻底信仰里。全体性的教会出现在哪里，彻底信仰就会出现在哪里，彻底信仰在哪里，被铭记的耶稣基督就会显现在哪里。并且耶稣基督将带领那些对上帝已经顺从和即将对上帝顺从的人，通过他来达到和上帝以及和邻人的关系融洽和即将融洽。

教会的责任是新教的责任，也是天主教的责任。当然，H. R. 尼布尔不是说历史上的新教和罗马的天主教共同构成了上帝的子民，他是说必须把"打破偶像崇拜"（iconoclasm）的"新教原理"（protestant principle）和"道成肉身"（incarnation）的"天主教原理"（catholic principle）捆在一起。教会必须始终反对任何把语言符号和现实混淆，反对把上帝的经历和作为仲裁者的身份相混淆的状况，教会必须改革和再改革上帝仲裁的符号和仪式、思想和行动，这也是同等重要的。无限的东西必须通过有限的形式来表现，正如有限的形式总是受来自无限的东西限制一样。

在为教会的责任定义时，H. R. 尼布尔的最后的一极是教会和世界。这里，和第一种主观和客观极性一样，教会是这些极的其中之一。教会和世界之间的关系是两极的，不是简简单单的等同或者分离的关系，因为两个群体都生活在同一个上帝下，还因为个体可以同时生活在两个群体里。H. R. 尼布尔为世界定义时，既把它看作是从无限的上帝那里分离出来的部分（由于对上帝无知或者不信任上帝），也把世界看作是那些占有有限事物者（反对上帝或者服务于上帝）的部分。世界既是把不忠实的信徒号召到教会的集合，也是把忠实的信徒从教会里拉出来的背景。但是，绝不是世界（作为罪孽深重的人的群体）曾经完全脱离教会，也绝不是教会（作为被拯救的人的群体）曾经完全脱离这个世界。"世界有时候是教会的敌人，有时候是教会的合伙人，通常是对手，始终是友人：现在它是共同的认知者，而现在知识者不知道什么是教会①。"教会和世界之间的关系永远是不定的，但是两者之间的关系又永远是不可分离的和十分重要的。

现实教会的这些极性元素的每一种都反映了彻底信仰的双向运动，一个是对上帝的责任，一个是对上帝世界的义务。这一点在第一极和最后一极中是十分明显的，教会、上帝和世界之间是三位一体的关系。事实上，教会在上帝的行动中和世界的行为中不断生活和定义自己。教会其他的极性是教会里的张力结构（tension–structures），它一方面为确保教会居于为上帝服务的中心，一面确保教会关心世界。从而，对H.R.尼布尔来说，教会责任的两极特征反映了教会责任的改革群体的任务。

三、作为改革群体的教会

如同他对个体责任的理解一样，H.R.尼布尔把对于责任的同样根本的理解应用到了教会。事实上，在他的下面一篇关于教会应该对社会负责的文章中，关于教会的责任伦理学已经初见端倪②。就像一个担负责任的个体一样，教会只对唯一的上帝负责，并且对众多邻人的生命负责。进一步来说，这些基本内容和责任意向对于个体和教会来说是一样的，这种责任可以称之为永久的改革。

这里特别需要提到的是，在H.R.尼布尔的早期生涯中，他建设性地把基督教的改革运动比喻成类似于共产主义的革命运动。不仅仅因为

---

① Niebuhr, Purpose of the Church, p. 26.
② Niebuhr, "The Responsibility of the Church for Society." P 47。

他熟悉马克思和恩格斯的著作，而且在 1930 年的欧洲之旅中，他能够直接观察到共产主义运动在实践和革命中的力量，况且他还顺便去了趟俄国。共产主义运动给 H. R. 尼布尔留下了极为深刻的印象，这种印象既不是来自于共产主义预言也不是共产主义目标，而是来自其革命行动上的策略。尤其是以下三个方面的策略给了他极大地震撼：宣布了历史正在哪里进行的理论；对社会不公和人类苦难的敏感度和反应力；以及在革命生涯和革命行动中形成的基本的革命组织。在 20 世纪 30 年代他的几篇文章中，H. R. 尼布尔催促教会采取类似的战略从事其宗教改革的号召①。

很快，H. R. 尼布尔放弃了所有对共产主义和基督教作为革命运动的外在形式的对比。不过似乎他把关于政治上的太平盛世的某些战略写入了随后的论述教会责任的一些著作。在《教会的社会责任》（The Responsibility of the Church for Society, in The Gospel, the Church and the World, ed. K. S. Latourette, New York, Landon：Harper & Brothers, 1946.）一文中可以找到它们最显著的影响。在这篇文章中，他把担负责任的教会描绘成使徒、牧师和先锋②。在革命行动的战略模式上，三者实际上扮演了同样的角色。

责任的教会要扮演使徒的角色（apostolic role），即改革的群体必须向所有人及所有组织宣布其改革的福音。这就意味着要用打破旧习的彻底信仰的力量来承受所有有限的爱与忠诚，正是这些有限的爱与忠诚把人和团体分成相互敌对的各方。这意味着在个体和群体的生活中提倡积极的悔改和积极的变化。最重要的是，这意味着用相关的明晰条款宣布

---

① Niebuhr, "The Grace of Doing Nothing." and "The Irreligion of Communist and Capitalist," The Christian Century 47 (1930)：1306 – 7.

② Niebuhr, "The Responsibility of the Church for Society," PP. 126 – 32.

生命对唯一上帝的信赖和忠诚，对唯一上帝的信赖和忠诚决定着天地万物的价值，使之有序，并且完成更新和实现富足。

负责的教会还必须担任牧师的角色（pastoral work），即改革的群体必须站在被忽视和被压迫者的一方。仅仅宣称和谐是不够的，教会还必须能够使疏离和不受欢迎的人和谐。仅仅宣布释放俘虏是不够的，教会必须把人们从无知、贫困和疾病的镣铐下解放出来，这种拯救必须超越一个接着一个的个体拯救。负责的教会还必须与造成人类悲惨的社会来源以及人类罪过的共同表现做斗争。"存在于个体牧师的真正努力一定会造成这样的结果。教会不能仅仅对上帝负责，就像人没有为他们的社会负责一样，由于普通工人和科技工作者之间的相互依赖程度不断的加深，为对付重大的网络关系的责任也在不断地加大①。"教会对上帝负责，上帝不仅创造、审判和拯救人，而且还要创造、审判和拯救他们的社会；同时，教会还要为关心人和人类社会的牧师负责。

最后，负责的教会还是一个社会先锋（social pioneer）。只有当一个群体拥有可供展示的改革福音时，改革的群体才能够对外宣布改革的福音并与他人分享。H. R. 尼布尔声称，正是人类群体的那个改革着的群体部分才代表着所有的人而对上帝负责。他说：

在作为代表每个社会和人类总体的群体中，教会是响应及时的那部分。正是这个组织可以听到上帝之音，看到上帝的判决，看到耶稣复活。在某种程度上，就像是在经验的模式上或者在合理性上科学是反应的先锋一样，在对美的反应上，艺术家是反应的先锋；在教会和上帝的关系中，我们可以说，它是为了整个社会的利益而响应上帝的一部分社

---

① Niebuhr, "The Responsibility of the Church for Society," P. 129.

会先锋①。

　　不幸的是，长久以来，这些典型的责任是模糊的。尤其在基督新教中，因基督新教过分强调个人主义，公共责任就被忽略了。但是，随着在社会科学、普通城市生活和国际生活中个体和社会的团结的不断紧密，人们正在把现代的理解带入到了古老的希伯来人和中世纪的代表性认知中。

　　从这个具有代表性的意义上讲，为了把所有的人都引到对上帝的彻底信仰和对上帝事业的忠诚上，有责任的教会应该代表所有人的利益和行动。教会通过有序地安置自己的领导机构，可以引导社会行动中的悔改和改革。当社会习俗、经济政策、政治观点、财产拥有、个人关系和彻底责任发生矛盾的时候，责任的教会要通过他们生命内部的改变为他们在社会上的改革而规定步调。对此，H. R. 尼布尔说："作为人类的代表和先锋当在它自己的思想、组织和行动上完成它的社会责任；它必须为这个世界、这个社会、某一种族、某一阶级和某个国家利益而行使职责②。"H. R. 尼布尔把这种彻底的信任表达视为教会里的社会责任的最高形式。无论何时何地，当教会履行这种责任时，对拯救者信仰就又重新出现了，作为教会的追随者的改革群体也会变得生动可见。

第四节　生命伦理学

　　综上所述，运用责任概念这一术语，H. R. 尼布尔开辟和发展了一

---

①　Niebuhr，"The Responsibility of the Church for Society，" P. 130.

②　Niebuhr，"The Responsibility of the Church for Society，" P. 142.

条通向神学和伦理学改革的新途径。在对人类价值和义务的认识上，在道德行为是拥有责任取向和责任目的的双向性运动的认识上，在道德行为总体理论的内部，他展开了对基督教道德生活的讨论。他阐述了普遍责任的道德方案，这些方案能够在特定的道德群体里服务于该群体并赢得了非常广泛的信任。在绝大多情况下，道德的群体具备了一些有限的爱和忠诚，加上普遍的道德观念，人们就有可能尽到自己应尽的道德责任。但是，那些以有限的物质为中心的道德，天生就不具备和谐性而且还具有破坏性，它们使一个人反对另外一个人，一个社区反对另外一个社区并且是所有的人反对有限的万物的衰老和死亡。具有讽刺意味的是，这种所有潜在的自然道德的防御是导致人类罪恶和错误的唯一的"最伟大"的来源。每种这样的道德都仅仅能够献身我们自己和我们的群体的自卫，并为群体的自我扩张提供了一个"生存智慧"。

但是，在"死亡伦理学"中，H.R.尼布尔找到了一个可供选择的办法，这个办法通过把所有人都置于生命更新的最终背景中，从而使人与人、群体与群体和谐起来。对信仰并忠诚于上帝的彻底的一神论信仰者来说，这种道德是可行的。在他看来，上帝乃万物之法则，价值之原理，道德行为规范是对上帝的一种适宜的反应，在所有事情上上帝自始至终作用于我们。因为上帝的行为是普遍的，那些衷心响应他的人就变得对有限万物的群体和全体负责。因为上帝的行为是拯救性的，负责任的，一个负责任者的任务就是为他自身的生活和世界生活的持久发展而奋斗。因而，彻底的一神论的伦理学是从上帝的启示中而得来的人类行为规则。负责的个体以及负责的教会是上帝在人世间的"外化"，因为他正在他们之中不断地肯定、控制和更新生命。

第五章

H. R. 尼布尔神学与伦理学思想的价值

第一节　H. R. 尼布尔神学与伦理学思想的价值

一、评价 H. R. 尼布尔思想的出发点

在研究一个思想家的生平及其思想的时候，或者在对其思想进行评价的时候，我们通常会提出一些探索性问题，并以这些问题的答案为标准来进行评价。例如，他有什么成果？有哪些贡献？在哪些方面有过失败或疏漏？距离获得他所研究的问题的解决方案还相差多远？什么时间才能够得出所研究问题的结论等等。当我们把一个神学家或者一个伦理学家放在这些标准中时，我们大概就可以使用一两种不同的评估方法：一方面，一个信仰群体的生活习惯和状况的好坏可以通过历史启示、宗教传统、宗教信条和该群体的当代经历来进行评估；另一方面，一种神学或者一门伦理学，可以在不考虑思想家的信仰和他所处的群体状态背景的情况下得以评估。站在一种信仰的外面去审视它们，可能会得出对立的看法，比如对犹太人的观点或者人文主义的观点的评价就是如此，

站在信与不信的立场就会得出不同的评价；或者，从一个普遍的角度来看待某个信仰，比如可以用科学或者哲学的方法来对某种信仰进行评价。总而言之，对某一信仰或某一理论的客观性评估，要么从信仰本身出发，要么从信仰之外的视角出发，要么从思想内核出发。

本章的立意是从思想内核出发来对 H.R.尼布尔的思想进行概要的体系性和价值性评估。这一评估，既不从信仰本身来评价，也不从外在的社会视角来讨论，而是仅仅从对 H.R.尼布尔的神学思想和伦理学的思想内核入手来进行客观性地描述。当然，从这一角度出发的含义首先在于它是对 H.R.尼布尔思想本身的解说，其次是对所掌握的全部 H.R.尼布尔的作品资料进行概念性和系统性归纳，以保证文中不含有他人或者作者的任何观点。重建一个思想家的神学思想体系，同思想家本人建立其思想体系一样的复杂。尽管如此，本章依然采用解说性的方法来对 H.R.尼布尔的思想结构和思想素材进行维持原貌的保真性评价。

前三章介绍 H.R.尼布尔的神学以及伦理学观点的目的，就是为了精确地再现他的观点而不是表达笔者个人对 H.R.尼布尔神学和伦理学的看法。

在这一部分中，笔者不准备再采取内容介绍的方法，而是采用综合评论的方法来分析 H.R.尼布尔的思想内涵及其对神学和伦理学的贡献。这些评论，既非依据个人的观点，也非依据普遍认同的主流观点，而是从哲学上来广义地评价 H.R.尼布尔思想的贡献。这些分析，可以为人们认识 H.R.尼布尔神学思想以及伦理学思想提供一种理解和看法，以期进行继续研究。当然，对这些问题的探究，必须是简单明了的和客观的研究。仅仅希望通过 H.R.尼布尔对神学和伦理学贡献的系统介绍，使他能够为汉语基督教学界的同仁们研究当代宗教思想提供参考和考察的资料。

从前面四章的内容不难看出，H. R. 尼布尔十分强调神学和伦理反思的价值和作用，他的神学思想和伦理学思想是相互贯穿、互相补充的。这样的强调不是建立在对神学价值曲解的观点上来进行的，而是站在真正认清神学价值的立场上进行的。对于 H. R. 尼布尔来说，神学的价值正是在于不可避免地对所有反思的条件进行研究，并用这些条件来说明一定的历史条件下宗教产生的背景及原因。因为信仰包含知识，神学观点应该与我们所了解到的关于我们自己的知识和我们所处的世界的知识相一致，神学观点的形成必须按照一定的科学方法、历史方法和哲学方法。同时，信仰包含着行动，伦理学的观点必须说明为什么具有一定特色的政治和经济结构、自然和技术资源、个人和社会的需求等等必须与道德的行动相一致。如此说来，人们在今天重视当代价值和在过去重视诚实以及在未来注重责任一样重要，因此这里我们没有必要过分强调 H. R. 尼布尔的研究精神和其思想实质，我们必须注重研究和调查神学的当代价值和当代人们的伦理状况，以期提供知识性的帮助。

H. R. 尼布尔对当时正在发生的教会改革起了贡献性作用，但是，他的著作与今天的神学和伦理学有什么关联？他的思想是否以与众不同的方式触及过当今基督教的那些核心问题？面对今天基督教的思想成果以及存在主义的思想成果，他的观点是否已经过时？这些问题作者打算以后再做深层次探究，以期通过把 H. R. 尼布尔的思想和当代神学反思所留下的未决疑问进行对比以及和一些基督教思想家研究问题的独特方式进行对比，进而对上述问题作以简单的回答。但这里仅仅从神学与伦理学思想的价值上来说明 H. R. 尼布尔思想的先见之处和重要性。

二、H. R. 尼布尔伦理学思想的价值

当代神学与伦理学反思的背景被 H. R. 尼布尔定义为：在人们的生

活和思想中，世俗主义和相对主义在与时俱增；现代人的世俗世界是激进的世界，宇宙不再被看作是永恒的和变化不息的超自然秩序之"接待室"或"暗箱"①，而是可以被理解的存在。宇宙以它自己的条件被人理解，并以它自己的公正而表现出寓意深长。世俗的人们找到了他们在这个世界上的生存方式和意义，新的独立感、人类整体行动的相对完整性、公共机构和共同观念等等伴随着人们走进了世俗化。这一对所有事物相对性的认知，免除了人们对独一无二的启示、一贯正确的真理、圣经教义的权威的绝对性需要而进入了相对性需要。持有相对观念的人，只不过仅仅需要假设性的判断和用有限的看法来保证他能够应付这个不断变化的世界。这种普遍深入人心的世俗主义观念和相对主义论调破坏了几千年来西方文化中的关于来世的独断主义（独断主义就是纯粹理性不先批判自己的能力的那种独断的做法）信仰。

　　世俗化和相对主义对基督教信仰生活和基督教思想的影响无异于是沉重的一击，或者说是后者局部被前者吸收了。事实上，现代神学思想的形成历史可以被最有效地理解为是应对世俗主义和相对主义所做出的一系列努力。这种寻找基督教生活和思想新基础和新形式的努力，开始于三百年前，直到20世纪60年代中叶，随着"上帝之死的争辩"的发生，才进入了决定性和戏剧性的转折时期。这种争辩的意义完全超越了"上帝变为中介的事件（媒体事件）"② 本身，它虽然起到了一定作用，但是媒体的大肆渲染却使上至国家成员下到平民百姓都发生了不同程度的信仰危机。这个公众大辩论最为重大的意义，是最终引发出了激进世

---

① Langdon Gilkey, Naming the Whirlwind: The Renewal of God – Language（ Indianapolis and New York: The Bobbs – Merrill Co., 1969）, PP. 3 – 230. And, The New Theologies in Perspective, with John Hayes（ Anderson, S. C.: Droke House, 1968）, pp. 17 – 44.

② Niebuhr, "Reformation" P. 240.

俗神学的一系列问题：在这个世俗化和相对主义的世界中基督教是否可能没有上帝而存在，基督教徒们是否有可能用一种完全世俗化的观点和相对主义的论调来谈论上帝等等。当公众的狂热和处于这场风暴中心并占据优势地位的思想家们从这场风暴中渐渐退去的时候，关于在世俗化和相对主义中上帝的存在问题并没有任何答案。

但可以肯定的是，在怀旧的 20 世纪 70 年代，在教会中出现了令人吃惊的福音主义的虔行和精神信徒的复兴①。在意识形态上，这种传统信仰的复古在很大程度上使得世俗化和相对主义深入人心。对于皈依者来说，自然的生活和世俗的生活依然按照他们所处的对世俗文化和相对文化的感知而进行。中世纪的精神没有得到复兴，超自然和自然本身的等级秩序也没有在人的意识中得到整体恢复。然而，宗教却分裂了，并偏离了其公众的角色，偏离了它与社会的关系，偏离了那些存在于信仰之外的文化研究机构。新的福音主义者们和神秘主义的鼓吹者们放弃了寻找在世俗世界和相对世界中做真诚基督徒的出路。出于这样的原因，主要思想家中很少有人欢迎这种复兴的"以往时代的宗教"。当时主要的神学家们都不愿意鼓励或进入那个"犹太宗教区"，无论当时的基督教多么地受欢迎和表现出多么大的生命力，对他们来说，站在支持"上帝之死争辩"一方的、负有责任的、和与大众息息相关的基督教的当务之急是如何用世俗的和相对的观点去解说上帝和人类的问题更为重要。

处在这个时代背景当中，H. R. 尼布尔重新进行神学和伦理学反思的意义也就十分明显了，他明显地走在了当时时代的前面，他看清了在

---

① Andrew M. Greeley, Unsecular Man: The Persistence of Religion (New York: Delta Books, 1972).

现代人的世俗和相对生活中的不可逆性存在。更为重要的是，他是北美洲第一个把这种不可逆的敏感性变作神学和伦理反思的神学思想家①。50 年前，H. R. 尼布尔就明白了，变革过的现代意识和变革过的基督教信仰是具有全面兼容性和互相支撑性的信仰形式。

H. R. 尼布尔欣然接纳了现代世俗化和相对论使传统基督教信仰中的超自然主义和独裁主义不足为人们所信仰的观点，但他同时坚持认为这一世俗化和科学化的过程与上帝的彻底权力和普遍性再构想是相互协调的。在事物中普遍存在的上帝，尽管不被任何事物包含但却可以通过世俗的方式和忏悔的方法被人感知和服侍。一个具有彻底化身和偶像破坏的上帝，不仅允许而且要求人们以完全世俗化和相对性方式来生存。在这种观点的指引下，现代意识对来世世界信仰的不可靠和专有主义进行着持续抗击。但是，还有另外一种表现，彻底信仰把对物质的彻底超越、对历史群体的超越或对个人关系的超越作为生活的中心，从而保持了真正的世俗化和相对性的现代生存。以现世为中心的生活和短暂的财富不再是世俗化和相对主义者的象征，因为它们被赋予了无限的重要性和绝对的优越性。也就是说，仅仅以世俗和短暂的物质为中心的生活已经不再是世俗的和相对的了，因为这些物质被赋予了无限的重要性和绝对的优越性。这一对有限物质的再次神圣化和神秘化思潮的出现，是弥漫在一种空间生存状态中的压力和焦虑所引发的不可避免的结果。完全世俗化生存的真正敌人不是上帝的规则，而是人类自己的偶像崇拜。上帝立即打碎了所有的偶像崇拜和物质崇拜，使俗世的生命从狂热和绝望中摆脱了出来并获得了自由，一种完全世俗的相对性生存被偶像破坏的和人性化的上帝所允许和保留。

---

① Peter Berger, A Rumor of Angels（Garden City：Doubleday and Co. , 1969）p. 150.

H. R.尼布尔解决信仰问题的方法最为明显的特点是强调了上帝的彻底超越，这种用世俗和相对术语来重新解释信仰的行为都集中在了他的新的模式上，这一模式是，无所不在的神圣的上帝被重新部署在了"深层的纬度中，在人意识的觉悟中，在具有象征性的人类姿态中"①。H. R.尼布尔断言，上帝出现在人的生活中并使他的权力运行在人类的生活中，但他更强调了上帝的超在性，认为只有彻底超越然而又普遍地与这个世界发生联系的上帝才能维系存在的价值和事物的丰富。对于H. R.尼布尔来说，彻底超越的上帝是与经验相关的上帝。

H. R.尼布尔提出了极具特色的伦理学，它把当代社会意识和历史上基督教的中心主题以批判的方法和建设性关联的方法拧在了一起，并提出了对当代基督教信仰的未决问题的新的理解。他为当代基督教思想家提出的神学的当务之急、为神学的研究做出了一定贡献，他对 20 世纪后半叶基督教生活和思想所面临的机遇和挑战所做出的反应已经说明了他的正确性和影响性。

当代基督教思想是一个十分壮观的复杂体系，在缺乏占统治地位的神学思想家和处于领导地位的思想体系的情况下，一种新的史无前例的多元主义的方法被运用到理解基督教信仰的研究之中。在这种神学发展杂乱无章且有可能过度的情况下，我们认为存在着神学发展的三大当务之急：基督教信仰发展的形而上学趋势、基督教信仰生存的语言学理解趋势和基督教文化发展的未来趋势，这些趋势并集中表现为三种神学形式：基础神学、环境神学和叙事神学，而 H. R.尼布尔对于这三种神学形式的贡献却十分明显。

---

① John A. T. Robinson, Honest to God（Philadelphia：Westminster Press, 1963）；Peter Berger, A Rumor of Angels（Garden City：Doubleday and Co., 1969）.

第二节　H. R.尼布尔对当代神学的贡献

一、对基础神学研究方法的贡献

基础神学的主要目的是要重新建立基督教信仰的形而上学基础。由于世俗主义和相对主义对传统基督教的信仰造成了冲击，采用早期直接诉诸特别启示或者普遍的唯理性的方法来处理信仰迷惑和信仰错误的问题已经不再可能。19世纪的自由主义和20世纪的新正统派神学运动通过积极调整来向根据经验而信仰的人提供认知方法和信心，以此来弥补上帝奇迹的证据缺失和理性实证。虽然自由主义神学和新正统派神学这两种传统对待信仰的构想和方式是完全不同的，但二者都赞同一个观点，那就是信仰既不允许也不需要哲学或者科学的实证，信仰对上帝的依赖在于上帝的不证自明。但是，当时却有许多深思熟虑的基督教信徒提出了这一对信仰疑问的观点，他们坚持基督教对上帝的基本信仰必须是建立在某种基础上而不是仅仅建立在对上帝的信仰的空谈上。如果这一基础不能确立，那么，基督教的一神论就难以抵御剧烈的挑战和人文主义的相对性选择，因为在上帝之死的辩论中，仅仅谈对上帝的信仰是不可能成功的。基础神学的任务就是要重新确立信仰的这种根基。

基础神学所面临的挑战不仅仅是要寻找到对上帝信仰的新的证据，而且也需要用一种新的哲学派别或哲学方法来论证。神学传统话题中关于上帝存在论的问题已经没有意义，基础神学的神学家们普遍认识到了，我们不能够再演绎性地从上帝的概念到上帝的实在之间进行论辩（本体论的观点），也不能够再归纳性地从普遍性特征和关于自然界的假设上来证明上帝的存在（宇宙论和目的论的观点）。应该找到其他的方法来说明基督教的真理是真正的真理，因为它具有真理的美德，并且比起其它无神论者对人类经验的描述来说，更具有使所有人类经验比以前更加明智的能力。

在当时的基础神学家当中，出现了两种不同的关于新的哲学方法的探究，一种方法是天主教会的思想家所使用的方法，被称作"先验的方法"①。该方法认为，人们理解、判断、决定和行动的平凡经历，表明了人们对上帝的认知是一个伴随着对普通事物的普通认识的"共同知晓"，上帝是使所有认知成为可能的"视野"或"背景"。这种对上帝的超验性发现，不是根据日常经验推论而得来的，而是根据日常经验的结构而发现的。如此说来，我们发现的上帝既是偶然的知晓也是必要的知晓，上帝作为偶然经验发生的必要条件被发现在偶然的经验中。换言之，对于超验方法来说，上帝在世界的普遍知识中被认知。

第二个在新教神学家中更为流行的新哲学风格被称作"基督教自然神学"②，基督教自然神学不像超验的哲学方法论那样断言要建立一个普遍的和必需的对上帝的认知，它承认人类所有经验的相对性和形而上学的所有循环论点。这种方法就是基督教自然神学所采用的方法，因为它的基本假设有其历史的根源和基督教信仰群体的来源。但是，自然神学从某种意义上来说是在理解和整合人类的总体经验和有神论的现

---

① Otto Muck, The Transcendental Method（New York：Herder and Herder, 1968）. Karl Rahner, Spirit in the World（New York：Herder and Herder, 1968）; Bernard Lonergan, Insight: A Study of Human Understanding（London：Longmans, Green, 1957）.

② John B. Cobb, A Christian Natural Theology（Philadelphia：The Westminster Press, 1965）. Frank B. Dilley, Metaphysics and Religious Language（New York：Columbia University Press, 1964）; Langdon Gilkey, Naming the Whirlwind; Gregory Baum, Man Becoming（New York：Herder and Herder. 1970）.

实。基督教自然神学的大循环绝不是令所有基督教信仰者都为之一振的
世界图景，任何对事物的全面陈述，无论是无神论还是有神论都依赖于
一个具有预示含义而不是被证明的、相对的而不是绝对的基本假设。因
此，基督教自然神学就有必要象无神论者所描述的现实景象一样提出自
己的有神论的对事物的陈述。这种完全不同的基本假设，可以依据那种
最能够整合我们的生活及最能够完整反映世界本质的观点进行相互
争论。

在面对众多的基础神学新观点的情况下，H. R. 尼布尔提出了一种
接近于基督教辩证神学的哲学论点。但是 H. R. 尼布尔著作中的这种哲
学思辨性特征往往被忽略或被误解。比如，他坚决主张神学必须从启示
开始并沿着忏悔的方法进行研究的观点，就被经常认为是对哲学方法的
直接排斥，是对所有哲学诉诸普遍假设和普遍证明的排斥。但是，
H. R. 尼布尔本人实实在在地认为，这种诉诸哲学假设来解决神学问题
的方法对于神学来说是不恰当的，因为根本就不存在能够适用于神学的
假设及其证据。H. R. 尼布尔反对这种哲学观念，他认为这不是哲学的
任务，但他却称赞以基督教信仰作为基础，可以研究使所有人类经验明
智化的问题。事实上，从哲学意义上说，他的信仰现象学和他关于信仰
的责任理论以及他对自然神学和自然道德的批判，恰恰表明了他的哲学
论点。

H. R. 尼布尔的护教学提供了"从信仰的角度来理解人类的生活"①
的观点，他的基本观点和形象化比喻虽然源自基督教的信仰及其历史，
但却总括了超越基督教群体对信仰的理解及对信仰经验的理解。比如，
在《启示的意义》（The Meaning of Revelation）一书中，他从总体上谈

---

① Niebuhr, Responsible Self, P. 45.

论到了基督教信仰的公共特征和个体特征；在《彻底的一神论与西方文化》（In Radical Monotheism and Western Culture）一书中，他着重分析了文化秩序与文化混乱问题与基督教信仰的关系；在《负责任的自我》（The Responsible self）一书中，他解释了处于综合陈述道德行动条件下的基督教伦理。在每一种情况下，H.R.尼布尔用一种基督教信仰者和非信仰者都能够明白的术语来进行问题的讨论，并提倡把基督教信仰作为分析人类经验和寻找满足人类需要的问题答案的来源。他对基督教信仰及其具体运用所做的总体描述没有任何彻底一神论的痕迹，他那充满活力和具有说服力的论证说明了信仰使人类生活和人类思想理性化。

H.R.尼布尔哲学方法有两个特征，这两个特征值得今天的基础神学家的注意和研究。第一个特征是，他把宗教的价值定位在人类经验的范围上，这种经验既是普遍的也是特殊的，既是个体的又是社会的。因此，对于基督教信仰来说，H.R.尼布尔坚持其他宗教信仰低于基督教信仰的观点，他宁愿选择具体的宗教定义而不是像史莱马赫一样把宗教定义为"绝对信赖的感觉"或者像蒂利希一样把宗教定义为"终极关怀的状态"①。这种对宗教价值的关注给 H.R.尼布尔提供了一个相互作用的信仰模式，这一模式使得自然世界和人类社会在宗教中达到了统一，也就使得他的基础神学与整个人类文化能够进行不断对话。

对于基础神学的研究来说，第二个值得注意的特征是 H.R.尼布尔的忏悔姿态。神学的忏悔方法并不排除神学护教学（theological apologetics），但研究教条的辩证确实影响着这种反思的内容和风格。忏悔主

---

① Friedrich Schleiermacher, On Religion (1799; reprint ed. , New York：Harper and Bros. Torchbook, 1958)；Paul Tillich, Dynamics of Faith (New York：Harper and Bros. Torchbooks, 1958) .

义需要每一种护教神学来承认历史和宗教的相对性，它也要求当下的个体和群体的关联；更为重要的是，它排除了所有的自我保护主义和排外主义。以忏悔为主要方式的基础神学是一个理由充分的信仰表达，而不是理性的信仰论证。这种方法在多元主义的世界中不仅是更为真诚的方法，也是更为有效的方法，因为它把其他人用对话的方法引入了寻找人类生命意义的研究平台。简言之，H. R. 尼布尔神学思想的价值特质和忏悔特质使得他的著作成了具体清晰而又迷人的神学护教学。

二、对叙事神学的贡献

半个多世纪以前，神学反思经历了明显的"语言学转折"（linguistic turn）①。宗教语言的真实性和精确性问题一直是所有基督教思想家关注的焦点，但是，只有到了 20 世纪中叶，对宗教语言的功能和形式的研究才变成了神学研究的主要任务。在这一新的对自然和宗教呼声状况的关注背后，存在着当今世界人们对宗教语言中拘泥于文字字义而理解《圣经》经文的反对和排斥。这种排斥在 20 世纪中期存在主义哲学和逻辑实证主义哲学以及同时期的"上帝之死神学"中，反对上帝现实性的论点明显地表现了出来。出于各种各样的方法，他们把关于上帝的所有语言描述都归结为是人类感情、人的意图和人的目的的符号表达。对此，基督教神学家们立即做出了反应，首先，他们承认所有的宗教言语都是符号系统，但同时又坚持正是这种言语才能够以符号的手段描写了上帝的现实性。语言神学家们在如何最佳地理解这一符号描述过程方面保持着各自的观点，有的甚至强调了宗教语言和某些科学主张的

---

① Frederick Ferre, Language, Logic and God（New York：Harper & Row. 1961）.

相似性①。对于他们来说，科学理论的建设和神学所指的"上帝的话语"（God talk）通过运用范式或模式，总结和指导了人类经验的众多领域。另外一些语言神学家吸收了以宗教的语言方式来进行诗歌的创作的方法②。对于他们来说，宗教语言富含比喻，描写生动，因为它表达了人类的感情和承诺以及人类现实的景象。在这两种情况下，当时的基督教思想家们普遍认为，宗教的言语符号，既指上帝的现实性又传达出了上帝的现实性。

近些年来，许多基督教思想的解释者都全神贯注地集中研究了宗教语言，他们把其关注的焦点放在了宗教言语的具体语境上，相互独立的宗教符号、神学论断和民族特有的言语所指并不是叙事形式的宗教的活生生的语言，相反，神话和寓言、人物传记和民族历史才是宗教言语的最早形式。结果是，语言研究的重心转向了宗教及其传说。现在，更富有创新的研究集中在为什么说传说是早期信仰的语言以及转向传说的研究是如何使基督教信仰恢复敏感性等问题上。

这样的"叙事神学"③ 涵盖了各种各样的话题，其主要关注点集中在传说叙事体和宗教体验叙事体的关系上，这种研究的目的是为了说明二者是如何把个人与环境、行动和结果生动地关联在一个统一体中的问

----

① Ian G. Barbour, Issues in Science and Religion (Englewood Cliffs: Prentice – Hall, Inc., 1966); Frederick Ferre, Basic Modern Philosophy of Religion (New York: Charles Scribner's Sons, 1967).

② Philip Wheelwright, Metaphor and Reality (Bloomington: Indiana University Press, 1971): Rollo May, ed., Symbolism in Religion and Literature (New York: George Braziller, 1960).

③ James B. Wiggins, ed., Religion as Story (New York: Harper & Row, 1975); Wesley A. Kort, Narrative Elements and Religious Meanings (Philadelphia: Fortress Press, 1975); James Wm. McClendon, Jr., Biography as Theology (Nashville: Abingdon Press, 1974); Sallie TeSelle, Speaking in Parables (Philadelphia: Fortress Press, 1974)

题；另外一些叙事神学家们更加关心信仰通过传说诸如传记、寓言、神话、历史、小说的特殊类型被激发和被传播的方式。但这些多样性的方式达到了一个共识：传说是宗教洞察力的早期表达方式和信仰生活中的早期交流手段。

从 H. R. 尼布尔的著作中我们可以看出，他高度预见了基督教神学的发展。他断绝了神学的和历史的拘泥主义并提出了明晰的人类思维、行动和感知的角色形象；他正确理解了叙事神学的环境及其在人类统一性、宗教体验和道德努力方面的人的所有形象思维的方式，他明晰地看到了人的自我和群体是由"我们生活的传说"所组成①。最后，H. R. 尼布尔强调了传说和信仰的结构相似性，二者都是通过情节设计的手段、把人类生活中发生的事件用可以理解的顺序和带有目的秩序联系在一起的活生生的方法。

除了针对人类生活中的传说和宗教体验提出了丰富的神学支撑之外，H. R. 尼布尔的神学思想中有三个方面与今天的叙事神学存在着关联，更为重要的是他对群体传说优先性的坚持。在今天的叙事神学研究中，很多研究都集中在宗教传说的领域，这足以反映出宗教个性化和私人化已经成为南美洲整体文化的典型特征。毫无疑问，这主要是出于传统传说面对许多当代文明的科学发现而显出了自己的意义缺失所造成。但是 H. R. 尼布尔强调的"我们生活的传说"提醒了我们的宗教信仰应该承担起世界的重建和群体联合的角色，对他来说，基督教的传说自身与上帝一道参与到了群体之中和每一个存在着的邻人之中。H. R. 尼布尔的思想对于"叙事神学中所有传记是与政治无关的行为"的观点是

---

① Niebuhr, Meaning of Revelation, P. 43.

一个重大的纠正①。

H. R. 尼布尔叙事神学的第二个主要特征是他强调了对人们生活和传说形象的集中性。人们的生活和传说的形象是人们采取行动和调节冲突的手段，它们也是判断传说和生活的不可避免的道德基准和审美形式。

最后，H. R. 尼布尔提出了具有明显特征的神学反思的叙事风格。不像众多的叙事神学家，H. R. 尼布尔没有将神学、个人传记和文字分析固有地结合在一起，而是把叙事形式建构在神学著作的结构中。他的巨大冒险表现在他的历史神学中，比如他的《美国的上帝之国》（The Kingdom of God in America）就是把三个传说熟练精细地编织在了一起，第一个是美国新教教义的发展，第二个是他自己描述的神学发展前景，第三个是上帝在二者当中的行动。在这个具有明显叙事特征的叙事神学之上，H. R. 尼布尔的所有作品都在象讲述故事一样，试图与读者建立受邀参与和规则制定的交流。H. R. 尼布尔作品故事般的具体性和直接性，是其学术技巧的一个典型风格。出于这些原因，他的思想内容和风格与今天的叙事神学有极大的关联。

三、对环境神学的贡献

环境问题和人类未来问题在 20 世纪 70 年代达到了人们普遍关注的巅峰。从 20 世纪 60 年代开始，不断就有零星的警觉和呼声，人们对人口持续增长和科学技术的进步对生态造成的综合冲击十分担忧，但是，当时他们对自然资源枯竭及污染问题的忠告被大多数人的所忽视。只是

---

① See Barry Commoner, The Closing Circle: Nature, Man and Technology (New York: Bantam Books, 1972); Frederick Ferre, Shaping the Future (New York: Harper & Row, 1976).

到了近些年，人们才逐渐看到了生态问题不仅威胁我们舒适的生活格局，而且也威胁到了地球一切高级生命形态的生存。

尽管教会没有给出摆脱这种危机的方法，但来自基督教群体的要求重新理解自然和保持对自然的谦恭态度的紧急呼声越来越高，这就必然要求一个新的环境神学和新的虔行来表明人们对这一境况的迟来的反应。首先，应该召唤人们对已造成的局势积极悔改。那些来自教会关于环境的预言指出，科学技术的出现和随即发生的生态危机都有其无神论信仰的思想根源①。不像原始宗教和东方宗教，基督教和犹太教把人类提到了高于自然的地步，并赋予了人类支配自然的地位，这一特权地位刺激了科学技术的突飞猛进的发展。同时，科学与技术对疾病的战胜、对自然资源的增加和用提高劳动生产力的方式，使得人们生活舒适而幸福的可能性大大增加。但是，正是这种特权地位导致了道德与宗教在对那些残酷无情的行为面前的让步，从而引发了对大自然资源的灾难性掠夺；除非那些以人类为中心的宗教彻底地被重新思考或者予以替换，否则我们就只能走向生态灾难。地球的未来问题不是技术能够解决的问题，而是神学才能解决的问题。在坦白地认同用神学的纬度来解决生态问题的前提下，越来越多的基督教神学思想家用各种各样的提议来解说着生态的危机问题②。在生态危机真正到来之前，H. R. 尼布尔预见性提出了自己解决此等问题的困难和方法，他的神学和伦理学的生态关联从他语言的每个含义上都表现出了出来。

---

① Lyn White, Jr. , "The Historical Roots of our Ecologic Crisis," later published in Science 155 (1967): 1203 – 7.

② See Ian G. Barbour, Earth Might Be Fair: Reflections on Ethics, Religion and Ecology (Englewood Cliffs: Prentice – Hall Inc. , 1972); John B. Cobb, Jr. , Is It Too Late? A Theology of Ecology (Beverly Hills: Bruce, 1972) .

　　H. R. 尼布尔的上帝中心主义神学和伦理学，是在对自由神学的人类中心主义和人权主义观点的批评中建立起来的，自始至终 H. R. 尼布尔都把人类中心主义置换到独一的上帝是一切价值的仲裁上来。无论是谈到启示、信仰还是谈及责任，他都把宇宙（普遍）群体的感觉与以上帝为中心的生活联系在一起："当我与那唯一的创造能力相联系的时候，我就把我的伙伴、人类、低于人类的、高于人类的都统统放进一个宇宙社会中，这个宇宙社会有它的中心，这一中心既不在我心中，也不在任何有限的原因中，而是在那个超验的独一之中。"① 对独一上帝的信仰，创造出了宇宙群体之间所有存在的爱和关心。

　　H. R. 尼布尔认为，在这样一个宇宙群体中，对自然资源的肆意开采和过度的消耗得到了禁止，因为上帝是一切价值的中心，人类在这个生气勃勃的和欢欣鼓舞的价值世界中并不占先，人类不能够按照自己规定的、服务于自己的价值评判标准去规定其他存在。彻底的信仰需要对上帝中的所有事物的整体价值保持谦恭，但这并不意味着彻底信仰不可以在不同事物之间做出选择，也不意味着人类不可以使用非人类的东西，而是它的确意味着处于如此优惠的选择地位，不应该在忽略其他利益、牺牲以及侵犯周边相关利益的情况下做出选择。这就意味着，地球和人类将共同享受利益并与上帝和人的群体一道来投入。H. R. 尼布尔关于所有事物的相关性观点向人们提出了生态责任和虔行问题，这对于今天关注环境神学的人来说，需要进一步地研究。

---

　　① 　Niebuhr, Responsible Self, PP. 123 – 24; cf. Meaning of Revelation, P. 167.

第三节　H. R. 尼布尔神学思想中存在的问题

一、H. R. 尼布尔神学思想中存在的问题焦点

H. R. 尼布尔神学问题的焦点在于它面临着思想体系确立的困难，同时他也没有解决他思想的前后矛盾问题。当然，每一种全面研究神学或道德的思想体系，都存在一个系统建立的困难。因为人类生存的现实与具体实践往往比人的思想和语言所能够表达出来的内容要复杂得多。受理解与表达的内在限制，H. R. 尼布尔的神学思想表现了两个整体特征：

第一个特征，是他的神学反思与伦理反思具有存在主义（existentialism）的特质，而不是无为主义（quietism）的特质。尽管他的思想是以上帝为中心，但他却只是强调上帝的显现，强调通过个体和群体的道德实践才可以感知到上帝的存在，并不是把普遍信仰的经验概括为形而上学的超自然的范畴。这就意味着 H. R. 尼布尔把经验所不能解决的上帝问题作为终极问题放进了他的思想中，认为上帝是落在现象世界以外的位格，人类的认知能力仅仅止于存在着的这个现象世界。换言之，上帝是人类不可能认识的对象——他永远不会成为人类认识活动的客体。如果宇宙有一位造物主，他就必定会是一位"永恒的主体"，假如上帝与受造物并存于这个世界并且沦为人类观察的对象，那么这一位就必然不是上帝。这种典型的存在主义思想使得人们在对经验进行分类研究时，产生了观点解说的混乱。

第二个特征，是他在揭示自己认为的普遍性问题时发生了困难。

H. R.尼布尔提出，要确立一种新的综合预言和信仰生活。事实上，这也是他独一无二的天赋和突出成就所在。这种新的信仰生活，就是使具有两极性质的传统合并在一起，并以扬优弃劣的方式使其得以整合性发展。但是，此处将论述的不是他描述的信仰的生活和新的神学综合体，而是论述在 H. R.尼布尔的极性逻辑和假定统合中，包含着诸多不太吻合的要素，他的思想中依然存在着神学上诸多悬而未决的问题。

越来越多的文献证明，H. R.尼布尔思想中存在着一定程度的矛盾，完全罗列这些问题既不可能也不必要，但是我们应该注意和分析他的思想中存在的悖论和难题，以便对他形成自己思想内涵的时代背景有一个客观认识。因为这些难题经常出现在 H. R.尼布尔思想的新观点中，而那些创新观点，恰恰可以化作我们对基督教信仰理解的动力和源泉。不难看出，H. R.尼布尔的上帝中心主义神学、相对主义神学和转化主义神学是 H. R.尼布尔神学思想的核心。在这三个核心中，虽然出现了令人烦恼的诸多问题，但同时也表现出了 H. R.尼布尔的远见卓识。这里将系统地研究 H. R.尼布尔思想的主旨正是在于发扬其远见卓识，摒弃其矛盾问题，以便为当代神学的发展提供可以参考的思想依据。下面就针对他思想中所表现出的三个方面的矛盾问题展开分析。

二、上帝中心主义神学中存在的问题

上帝中心主义神学是 H. R.尼布尔神学思想中最为突出和最具明显特征的部分。他提出了一个大胆的论断，即上帝的绝对权威使得万事万物都进入了上帝断言的唯一发生轨道，进入了上帝的控制而完成了上帝的救赎及上帝的工作。在幸福和痛苦、疾病和健康、和平与战争中，上帝实现了至善和宽恕的目的。人类通过自己的生活和冒险经历，就是要去发现上帝通过什么来达到这些目的，并用信仰和忠诚来对上帝的行动做出回应。

我们在前面的几章中已经看到，H.R.尼布尔用其神学和伦理学思想，将上帝的至善和全能展示在广泛的景象中。上帝中心主义神学使得他能够合理地使用相对主义，同时避免了怀疑主义和主观主义的伤害，它使得H.R.尼布尔能够为基督教信仰者以及非基督教信仰者提供对人类经验的理解；使得他重申了所有文化生活和个人生活的转换路径和过程；使得他在各种神学和伦理学的整合中批判性地提出了观察它们的观点。更为重要的是，上帝中心主义神学向H.R.尼布尔提供了超然的注视，这说明人们的热爱是投入了而不是远离了现实世界。当然，这在H.R.尼布尔自己看来是不存在理论论证方面问题的。

但是，H.R.尼布尔上帝中心主义神学的自认为完整性及自认为具体性受到了如下几个歧义的威胁：第一，是把上帝作为独一权力和第一位格的不和谐概念。把上帝的行动既作为独一权力，又赋予人格特征，很容易导致具有决定性的错误，而造成对上帝行动目的的争论。H.R.尼布尔经常提及上帝的权力具有强烈的、完全不受人类愿望和行动影响的、必然的及决定性的性质，上帝在行使自己的权力时绝不是任意性的或者报复性的，而是公正的、不带人格倾向的，因为上帝是"事物的实际结构"①。因此，H.R.尼布尔刻画了人类以沉默和耐力，对上帝决定一切的权力做出回应的典型特征。

但是，H.R.尼布尔同时也谈到了具体的、历史中的、人格意义的上帝，这个上帝充满活力地创造并管理着人类和社会。作为可信的上帝本身，他出入多样性的事件时，具备了人的完整性和目的性。人类参与

---

① Niebuhr, "War as the Judgment of God"; "The Grace of Doing Nothing"; "The Only Way into the Kingdom"; Christ and Culture, pp. 236, 249 – 56; Responsible Self, pp. 109 – 126.

在上帝的大爱之中，并与上帝一道成为世界的共同创造者、管理者和拯救者。H. R. 尼布尔在此强调神的行动与人类对上帝回应并不是在说明一个二元主义的上帝观，即上帝既是愤怒的又是仁慈的；也不是在说明一个二元主义的人类观，即人既是肉身被决定的又是精神自由的。但是，面对这种人性和非人性的二元性是如何避开二元论而有机统一在一起的问题，在 H. R. 尼布尔的思想中并没有得到诠释。上述这些概念在遇到自然的上帝和历史的上帝的问题时产生了分裂，而且这种分裂在 H. R. 尼布尔的转化主义思想中又一次出现了。

在上帝的作用方面，H. R. 尼布尔的这些论断论述的是关于上帝的本性与世界交互发生作用的问题。H. R. 尼布尔神学关于上帝的语言描述逻辑，强烈地表明了上帝参与了那些依赖他的人们的痛苦，人们对上帝的信仰、顺从、忠诚，使得他们需要上帝在一定程度上把痛苦和死亡限制在上帝自身之内。然而，H. R. 尼布尔突然中止了这种观点的描述，他虽然谈及了耶稣替世人赎罪和上帝的救赎原则，但又缺乏逻辑的自洽。这样一种不情愿地谈到上帝通过在自己内部经历罪恶并战胜罪恶的观点，毫无疑问是 H. R. 尼布尔理解上帝神圣权力的根源。在谈论到上帝的行动或多或少地受到另外一些诸如人类、低于人类和超人类的力量的挑战时，他的理解看上去令上帝的彻底主权也打了折扣。后来，过程神学的神学家们对上帝至高无上的主权进行了争辩，他们认为，个人的权力只是对上帝权力的分享，人对上帝的权力无法超越。从这个方面来理解，上帝的权力之所以无法超越，是因为上帝面对人类的罪恶在忍耐，并且上帝对人类权力的被滥用在进行重新安排①。曾几何时，

---

① See John B. Cobb, God and the World (Philadelphia: Westminster Press, 1969), pp. 87 – 102.

H. R. 尼布尔进入了上帝是长期忍耐的力量并且也是取得最后胜利的力量的范畴。在《启示的意义》中，他指出，上帝权力的本质在耶稣的软弱中得到了证明："他的权力完美地体现在柔弱中，他在十字架上而不是在神权中实践了他至高无上的权力。"但是，关于神圣权力这一论断表明了上帝的权力不是体现在受难的爱中，而是体现在复兴的爱中。"上帝的权力就在死亡的背后和在死亡之中，但它要比死亡更为强大。"① 因此，H. R. 尼布尔对上帝权力的理解更接近旧约中的上帝的无情性和残酷性，而不是新约中上帝的非超越性和说服性。这里的结论是，在 H. R. 尼布尔的上帝中心主义神学中，关于上帝采取残暴的行动及温柔的行动是如何统一的问题，在他的思想中并没有给出定论。

三、相对主义神学中存在的问题

H. R. 尼布尔第二个具有显著特征和极具活力的思想是相对主义神学。他的神学和伦理学完全采用了人类认知的主体客体的概念。他认为，人们处在一个共同体中来共同感知上帝和这个世界，我们对上帝的以及这个世界的理解和回应，被我们所处的共同体的历史经验和现实经历所左右。这些公共观点从宗教及历史上看是相关联的。从历史上看，由于人受自我的、社会的和理性的罪恶和有限性的限制，没有绝对的观点。但是这种历史的相对主义观点，反映出一个深刻的相对主义的宗教基础：没有绝对的东西存在，只有上帝自身是绝对的。对于 H. R. 尼布尔来说，彻底一神论的逻辑就在于历史与逻辑的相对性。

我们在以前的章节中已经了解到了彻底的和建设性的上帝中心论的相对主义的观点。H. R. 尼布尔完全接受了相对主义，这就使得他必须

---

① Niebuhr, Meaning of Revelation, p. 187.

在新的认识及新的实践的指引下，重建神学和伦理学，这也使他能够把基督教思想和当代科学及历史知识有机地统一在一起。他积极地寻求真理，审视每种观点中的谬误，在尊重生活的多样性的基础上来寻找其完整性。毫无疑问，H. R.尼布尔的批评的尖锐性、和平主义的精神以及他对福音书的理解，完全取决于他接受了相对主义并把相对主义作为方法论原则运用在所有研究和思想当中。

但是，H. R.尼布尔的相对主义也有它的困难。最大的问题是，如何对相对主义的观点进行论证或转变、比较或综合的问题。H. R.尼布尔的哲学认识论认为，所有人类的理解都必须依赖语言表达和被社会确认而存在。那么，现实是如何突破这些既可以被修改又可以被验证的有条件的界定的呢？使用不同语言符号的不同言语群体是如何相互比较和综合的？

正如我们在第二章所提到的，H. R.尼布尔处理这些问题的方法是，通过强调经验客体的现实独立性和群体中的认识主体的理解经验的社会印证来实现二者的统一。但是他的这一陈述是否能够预防系统错误发生的可能性以及防止社会幻想的发生依然是个疑问。除非我们超越了我们的言语符号体系和超越了我们的言语群体，我们如何肯定当我们被限定在既定语言和一个共同体之内时，我们的理解又怎么在一定程度上与实际的世界相一致？如此的可能性并不需要我们垂直超越——即通过先于言语的或事先思考的方式跳出我们既定的言语和观点去达到现实，而是需要水平的跨越——即做系统的对比以及积累现实不同参考资料。H. R.尼布尔宣告的忏悔主义禁止这种在不同的群体的和个体的理解之间进行批评性和建设性地对比。但是本书作者认为，H. R.尼布尔在对信仰和责任的现象描述时以及对自然宗教和自然道德进行批判时，却是在运用这样的对比。这些可以被解释为是彻底一神论者对权力、社会福利事业和启发性成果的确认性论点。即便是这样，H. R.尼布尔也没有把这种比较性研究完全进行到底而产生比较的清晰和一致的结果。因此，H. R.尼布尔思想的哲学特征受到了人们相当普遍的误解。

H. R.尼布尔的相对主义神学所面临的更为实际的难题是其宗教基础。他所强调的上帝的绝对统治与人对上帝的绝对依赖性的观点，窒息了人的主动性和紧迫感，他的关于"上帝安排了一切及上帝的权力运行在所有事物之中"的论点缩小了人的作用，把人的行动相对化了，认为人的个人成就和英雄们的努力是微不足道的。当然我们也很容易看到，H. R.尼布尔否认所有程式化的无为主义以及和平主义，他非常明确地指出，对上帝的信仰需要对上帝事业的忠诚，而且人会因为上帝的事业而蒙恩。毫无疑问，H. R.尼布尔的思想中一直笼罩着耐心的等待、充满希望的忍耐、甚至甘心情愿受罪的气氛。这一被动的倾向，反映出了人类面对经常存在的危险而时刻防御的心理倾向，反映出了上帝安排了一切行动的神秘主义心理倾向。但是，这种小心翼翼加上他无力为人们提供人面对上帝应该做出何种反应的指导方针和策略，降低了H. R.尼布尔以上帝为中心的相对主义神学对社会的影响力。

四、转化主义神学中存在的问题

H. R.尼布尔神学的第三个明显的动机是重新提出转化主义神学，他利用自己的转化主义方式把上帝中心主义和相对主义拧在了一起。他深信所有的生命和思想仅仅是一个永不停息的深刻转换过程，这种转换过程包括人们形成现实的观点和明晰的反映方法。作为对所有现实存在的理解，转化主义把人类世界看作是一个无穷无尽转化的过程，"这一转化过程在这个世界、生命和时间中永无终点"①。转化主义把两极逻辑作为其思维方式，这种思维方式的表现是，揭示出事物中相互对立的观点和张力，采用发现真理中新的要素的方法，在新发现的持续过程中，形成对于事物的新的综合理解。

我们不难看出，H. R. 尼布尔使用了对现实的内在关联的感知和反思的方法，以此来扩大基督教责任的天地和增加基督教思想的思考源泉。没有一个人类经验的领域可以从这一转换过程超越出来，也没有任何一个人类的经验超越上帝的权力而存在，没有一个人类对事物的理解缺乏对正在发生的过程洞悉而得来。从这种观点出发，H. R. 尼布尔提出了历史学和类型学模式及关联，这些模式和关联，是典型运用批判和综合的智力杰作。转化主义的主旨和其作品的风格描述出了人类的生动生活和人形成思想的动态感受，这种感受在以与日俱增的含义超越了人们所熟悉的经验和概念。

但是，H. R. 尼布尔的转化主义包含着一些麻烦和不能解决的问题，其中最具挑战性的问题是在上帝的转换行动中，人到底发生了什么变化。尽管他否认任何逐渐的或积累的生活改良，H. R. 尼布尔并没有涉及作为历史发生和展示过程中的个人和群体的具体转换方式，他很少解释转换是如何发生的以及转换究竟包含哪些内容，而是他直截了当地拒绝了所有对上帝行动的超自然的描述，即把上帝的行动看成是自然和人类本性中所发生的奇迹。但是他却典型地说明了上帝的转化工作所发生的事件意味着什么（内在的历史）而不是它们如何发生（外在的历史）。这里的问题是：事物之间的关系与上帝的工作的关联是什么？事件的原因与事件的意义是如何关联的？上帝又怎么可能仅仅参与人类的

---

① Niebuhr, "The Responsibility of the Church for Society," p. ix.

目的而不参与自然过程？如果是这样的话，我们又怎能把上帝既称作是存在的原则又称作是人的价值原则呢？H. R. 尼布尔缺乏清晰的对内在历史与外在历史之关系的描述，因此也就留下了上帝在事件的进程中或者在人类的痛苦中二者到底有什么差别的难题。

同样的问题以不同的方式存在于 H. R. 尼布尔转化主义的思维方式中。第二章中我们谈到，信仰的论证在上帝的转换与和解工作中起着重要的作用，除非把人类的整体历史与自然的整体进程重新建构在一个统一体中，否则个人和社会的整体性就难以被理解。这个重建是一个理解过程，这个理解过程依赖于一个中心图景，即启示的事件必需被理解为所有的事物在一个上帝中与一个上帝的人民中得到和解。H. R. 尼布尔在他的历史研究和神学建构中列出了大量的转换的例子，他的两极思维理论集中罗列描绘出了各种各样的历史事件以及神学观点。这里 H. R. 尼布尔当然理解这些集中罗列的事件都是人类对上帝行动的反应，但是，谈及上帝掌管着一切转换和人类的普遍性意义及关系又有什么意义呢？为什么不把它们称之为是人类自我想象力胜利的结果？事实上，为什么不把上帝仅仅当作一种人所构建的符号或者启发式想象的结果？H. R. 尼布尔当然把上帝的意志当作了安排一切以及重新评价生命的意义和一切关系的力量。但是，由于缺乏对上帝是如何作为转换思维的中介者或历史转换的启动者的描述，上帝本体受到了彻底的怀疑。

前面所述就是 H. R. 尼布尔上帝中心主义神学、相对主义神学和转化主义神学所面临的内在困顿。这里我并不是在说 H. R. 尼布尔本人是否意识到了这些问题，或者它们是否削弱了 H. R. 尼布尔的神学及伦理学思想对人们思想成果的贡献，而是在说他意识到了这些问题的存在，仅仅是因为他生活在上帝的王国中、人类的存在中和生存与思想的变革中，他十分了解人们由于怀疑心所接受的持续性挑战，了解人们对于生命最终境况的信仰与忠诚。他所经历的这种正反情感的冲突反映到了其神学和伦理学著作中。事实上，H. R. 尼布尔思想中的自我分歧，既是传记性的又是概念性的，他不愿意迫切地去澄清它们并保持寻找统一的答案，这正是归于他过于敏感多疑并过分固守自己的观点以及他人的观点。他的沉默寡言反映出了他的"人类与上帝的关系和邻人的关系不是智力能够解决的问题，而是心志才能解决的问题"①的观点。理性地解说信仰并不比实践理性更加理性，就像理性解说信仰的缺陷会使信仰更加虚幻一样。从这个关系出发，只要这种思考与个人和社会的经历贴近，而且开放，并且能够接受批评，也能够改变，H. R. 尼布尔看上去更愿意追求这种无果的思考。

由于 H. R. 尼布尔思想的这种存在主义的特质，才没有能够危及其著作的重要性，以及造成对其著作的不良影响。尽管他的思想存在着瑕疵和痛苦的反思，但却超越了道德责任的本身，这对于失去信仰的渴望者和对于失去思想兴趣的人来说，其魅力无异于雨露甘霖。我们会在 H. R. 尼布尔的思想中找到令人为之一振的坦诚、丰富的比喻和形而上学的知识。所有这些既适合于当代社会意识形态的要求，又适用于对圣经信仰的理解。也许有人会对 H. R. 尼布尔思想中的不完善、前后不一致和不连贯感到不悦，但是其思想的优势也是显而易见的。比如，他对两极思维的完善和发展在很大程度上弥补了其思想的不足。目前，在西方基督教学界，对 H. R. 尼布尔思想的完善和修订工作已经在一些领域中展开，无论遇到什么难题，他的思想均被西方神学界公认为是宗教生

---

① Niebuhr, Radical Monotheism, pp. 115 ; Christ and Culture, p. 238 ; "The Ego – Alter Dialectic and the Conscience," Journal of Philosophy 42 (1945): p. 304 ; "The Gift of the Catholic Vision," Theology Today 4 (1948): p. 500.

活和宗教思想的资源①。

五、神学和伦理学改革的持续借鉴

总之，正如本书开始所说，通过研究本书认为，H. R. 尼布尔的神学思想能够作为今天神学和伦理反思中激发人们努力研究的战斗口号。同时，他的思想能够作为今天正在进行的神学改革的思想借鉴，这样就能使人们在进行神学和伦理学研究的时候，去寻求积极理解所有信仰，并使各种信仰互相指导，促使互相批评和互相借鉴。

H. R. 尼布尔提出了一个对基督教信仰的进行再认识的观点，他认为，对信仰生活和信仰的语言内容重新表述是神学和伦理学反思的持续不断的任务，因为信者对自己经验理解的清晰度必须保持在这一重新表述的基础上，即信仰的现实性要和同时代人的实践经历进行活生生的对话。他指出了对信仰再认识的必要性，认为在我们这个时代对信仰的再认识问题尤为迫切地需要解决，过去的惯用表达不再能够把握或传达人类在上帝面前的生存现实②。因此，在 40 多年的教学和创作生涯中，H. R. 尼布尔创造了一个新的概念系统，这一概念系统直接与人个体生存的状况和文化经历的现实性相融合在了一起；他创造了个人布道和思想架构的独特风采，这种风采不仅是基督教历史的而且是现代的、新教的、美国的、然而又是全球的风采。他留给我们的是他那种鲜活的遗产：牧师的和非牧师的、基督教的和非基督教的、有神论者和无神论者

---

① Brief biographical accounts are contained in Faith and Ethics: The Theology of H. Richard Niebuhr, ed. Paul Ramsey (New York: Harper & Bros., 1957), p. 9; Godsey, The Promise of H. Richard Niebuhr, pp. 100 – 119; James W. Fowler, To See the Kingdom: The Theological Vision of H. Richard Niebuhr (Nashville: Abingdon Press, 1974), pp. 11 – 19.

② Niebuhr, "Reformation: Continuing Imperative," P. 251.

的丰富的思想遗产，他引领我们进一步地深刻地领悟信仰的意义，他的思想对于我们今天深入研究基督教神学和伦理学思想是一个重要的借鉴和参考。

主要中英文参考资料

一、中文资料:

[1] 克尔恺戈尔. 那个个人 [M]，转引自 W. 考夫曼. 存在主义，北京：商务印书馆，1987.

[2] 甘阳. 政治哲人施特劳斯——古典保守主义政治哲学的复兴 [M]，香港：牛津大学出版社，2003.

[3] 曹大鹏. 文化冷战与中央情报局，F.S. 桑德斯 [M]，. 北京：国际文化出版公司，2002.

[4] 张睿壮. 保守主义的渊源及其在美国的演进，载任晓，沈丁立. 保守主义理念与美国的外交政策 [M]，上海：三联书店，2003.

[5] 刘小枫. 走向十字架上的真理：20 世纪神学引论 [M]，香港：三联，1990.

[6] 何光沪. 多元化的上帝观——20 世纪西方宗教哲学概览 [M]，贵阳：贵州人民出版社，1999：6.

[7] 何光沪. 宗教与世界丛书总序 [M]，成都：四川人民出版社，1988.

[8] 杨牧谷. 神学辞典 [M]，台北：光启出版社，1996.

［9］杨牧谷．当代神学词典（上）［M］，台北：校园书房，1997.

［10］李秋零．康德著作全集第 1 卷：前批判时期著作 I（1747 - 1756）［M］，北京：中国人民大学出版社，2003.

［11］李秋零．康德著作全集第 2 卷：前批判时期著作 II（1757 - 1777）［M］，北京：中国人民大学出版社，2004.

［12］李秋零．康德著作全集第 3 卷：纯粹理性批判（第 2 版）［M］，北京：中国人民大学出版社，2004.

［13］中国人民大学基督教文化研究所．神学与诠释（基督教文化学刊·第 10 辑·2003 年秋）［J］，北京：中国人民大学出版社，2003.

［14］中国人民大学基督教文化研究所，神学的公共性（基督教文化学刊·第 11 辑·2004 春）［J］，北京：中国人民大学出版社，2004.

［15］中国人民大学基督教文化研究所，对话的神学（基督教文化学刊·第 12 辑·2004 秋）［J］，北京：中国人民大学出版社，2004.

［16］张志刚．猫头鹰与上帝的对话：基督教哲学问题举要［M］，北京：东方出版社，1993.

［17］张志刚．宗教文化学导论［M］，北京：人民出版社，1993.

［18］张志刚．理性的彷徨——现代西方宗教哲学理性观比较［M］，北京：东方出版社1997.

［19］张志刚．宗教哲学研究——当代观念、关键环节及其方法论批判［M］，北京：中国人民大学出版社，2003.

［20］万俊人．20 世纪西方伦理学经典（I）·伦理学基础：原理与论理［M］，北京：中国人民大学出版社，2004.

［21］万俊人．20 世纪西方伦理学经典（II）·伦理学主题：价值与人生［M］，北京：中国人民大学出版社，2004.

［22］万俊人．20 世纪西方伦理学经典（III）·伦理学限阈：道德

与宗教［M］，北京：中国人民大学出版社，2004.

　　［23］万俊人.20世纪西方伦理学经典（Ⅳ）·伦理学前沿：道德与社会［M］，北京：中国人民大学出版社，2005.

　　［24］卓新平.宗教比较与对话［M］，北京：社会科学文献出版社，2000.

　　［25］卓新平.基督教小辞典［M］，上海：上海辞书出版社，2001.

　　［26］卓新平.神圣与世俗之间［M］，黑龙江：黑龙江人民出版社，2004.

　　［27］卓新平.圣经鉴赏［M］，北京：宗教文化出版社，2000.

　　［28］卓新平.当代西方天主教神学［M］，上海：上海三联书店，1998.

　　［29］卓新平.宗教比较与对话［M］，北京：社会科学文献出版社，2000.

　　［30］卓新平.中国基督教基础知识［M］，北京：宗教文化出版社，1999.

　　［31］王作安，卓新平.宗教关切世界和平［M］，北京：宗教文化出版社，2000.

　　［32］卓新平.宗教理解［M］，北京：社会科学文献出版社，1999.

　　［33］卓新平.基督宗教论［M］，北京：社会科学文献出版社，2000.

　　［34］卓新平.圣经鉴赏［M］，北京：中国社会科学出版社，1992.

　　［35］卓新平.尼布尔［M］，台湾：东大图书股份有限公

司，1992.

[36] 卓新平．当代西方新教神学［M］，上海：上海三联书店，1998.

[37] 卓新平．宗教与文化——三个面向丛书［M］，北京：人民出版社，1988.

[38] 卓新平．世界宗教与宗教学［M］，北京：社会科学文献出版社，1992.

[39] 卓新平．西方宗教学研究导引［M］，北京：中国社会科学出版社，1990.

[40] 中国社会科学院世界宗教研究所基督教研究室．基督教文化面面观［M］，山东：齐鲁书店，1991.

[41] 中国社会科学院世界宗教研究所．基督教知识读本［M］，北京：宗教文化出版社，2000.

[42] 刘时工．道德的个人与邪恶的群体——尼布尔对个人道德和群体道德的区分，上海：华东师范大学学报（哲学社会科学版）［J］，2001：02.

[43] 吴东日．爱与公正、道德——浅析莱因霍尔德．尼布尔的基督教伦理思想［J］，上海：天风，2005：01.

[44] 欧阳肃通．美国基督教界的'守派之父'尼布尔的复活［J］，北京：北京大学哲学系：宗教学研究，2004：04.

[45] 顾铁军．作为人类理想象征的基督［J］，北京：世界宗教文化，2002：04.

[46] 赖英泽，龚书林译．基督与文化［M］，台湾：台湾教会公报社，1992：9.

二、英文资料：

Books：

［1］H. Richard Niebuhr. Ernst Troeltsch's Philosophy of Religion，［M］Yale University：Doctoral Dissertation, Microfilms, 1924.

［2］H. Richard Niebuhr. Moral Relativism and the Christian Ethic［M］, New York：International Missionary Council, 1929.

［3］H. Richard Niebuhr. The Social Sources of Denominationalism［M］, New York, 1929.

［4］H. Richard Niebuhr. The Religious Situation by Paul Tillich［M］, Translated by H. Niebuhr, New York：Henry Holt & Co. , 1929.

［5］H. Richard Niebuhr. The Church against the World［M］, New York：Henry Holt & Co. , 1935.

［6］H. Richard Niebuhr. The Kingdom of God in America［M］, Chicago & New York：Clark & Co. , 1937.

［7］H. Richard Niebuhr. The Meaning of Revelation［M］, New York：The Macmillan Co. , 1941.

［8］H. Richard Niebuhr. The Gospel for a Time of Fears［M］, Washington, D. C. ：Henderson Services, 1950.

［M］］H. Richard Niebuhr. Christ and Culture, New York：Harper and Brothers, 1951.

［10］H. Richard Niebuhr. The Church and the Body of Christ［M］, Philadelphia：Philadelphia Yearly Meetings, 1953.

［11］H. Richard Niebuhr. The Ministry in Historical Perspectives［M］, New York：Harper, 1956.

［12］H. Richard Niebuhr. The Purpose of the Church and Its Ministry

[M], New York: Harper, 1956.

[13] H. Richard Niebuhr. The Advancement of Theological Education, [M] New York: Harper, 1957.

[14] H. Richard Niebuhr. Radical Monotheism and Western Civilization [M], Lincoln: University of Nebraska, 1960.

[15] H. Richard Niebuhr, Radical Monotheism and Western Culture [M], New York: Harper, 1960.

[16] H. Richard Niebuhr. The Responsible Self [M], New York: Harper & Row, 1963.

[17] H. Richard Niebuhr. Faith on Earth: An Inquiry into the Structure of Human Faith [M], edited by William Stacy Johnson, 1989.

[18] H. Richard Niebuhr. Theology, History, and Culture [M], edited by William Stacy Johnson, New York: Meridian Books, 1996.

[19] H. Richard Niebuhr. Translator's Preface to Paul Tillich, The Religious Situation [M], 1932; reprint ed., New York: Meridian Books, 1956.

[20] Martin Marty. American Theology of the Twentieth Century [M], Philadelphia: J. B. Lippincott Co., 1970.

[21] John D. Godsey. The Promise of H. Richard Niebuhr [M], Philadelphia: J. B. Lippincott Co., 1970.

[22] Paul Ramsey. Brief biographical accounts are contained in Faith and Ethics: The Theology of H. Richard Niebuhr [M], New York: Harper & Bros., 1957.

[23] H. Richard Niebuhr and D. D. Williams. The Ministry in Historical Perspectives [M], New York: Harper & Bros., 1956.

［24］ H. Richard Niebuhr, D. D. Williams and J. M. Gustafson. The Advancement of Theological Education ［M］, New York: Harper & Bros. , 1957.

［25］ H. Richard Niebuhr. The Purpose of the Church ［M］, New York: Harper & Bros. 1956.

［26］ H. Richard Niebuhr, Wilhelm Pauck and Francis P. Miller. The Church Against the World ［M］, Chicago: Willett, Clark & Co. , 1935.

［27］ Ernst Troeltsch. Christian Thought ［M］, New York: Meridian Books, 1957.

［28］ James W. Fowler. To See the Kingdom: The Theological Vision of H. Richard Niebuhr ［M］, Nashville: Abingdon Press, 1974.

［29］ D. C. Macintosh. Theology as an Empirical Science ［M］, New York: Macmillan Co. , 1919.

［30］ D. C. Macintosh. ed. . Religious Realism ［M］, New York: Macmillan Co. , 1931.

［31］ Carl Barth. The Humanity of God ［M］, Richmond: John Knox Press, 1960.

［32］ Paul Tillich. The Religious Situation and The Interpretation of History ［M］ , New York: Charles Scribner's Sons, 1936.

［33］ H. Richard Niebuhr. Sources of Denominationalism ［M］, New York: Macmillan Co. , 1929.

［34］ Joseph Fletcher. Moral Responsibility ［M］, Philadelphia: The Westminster Press, 1967.

［35］ Albert R. Jonson. Responsibility in Modern Religious Ethics ［M］, Washington, D. C. : Corpus Books, 1968.

[36] Eric Mount Jr. Conscience and Responsibility [M] . Richmond: John Knox Press. 1969.

[37] C. Freeman Sleeper. Black Power and Christian Responsibiliy [M], Nashville: Abingdon Press, 1969.

[38] Richard R. Niebuhr. Resurrection and Historical Reason [M], New York: Charles Scribner's Sons, 1957.

[39] Stephen Pepper. World Hypotheses [M], Berkeley: University of California Press, 1961.

[40] Ernst Cassirer. An Essay on Man [M], Garden City: Doubleday Anchor Books, 1953.

[41] John B. Cobb. God and the World [M], Philadelphia: Westminster Press, 1969.

[42] Langdon Gilkey. Naming the Whirlwind: The Renewal of God – Language [M], Indianapolis and New York: The Bobbs – Merrill Co. , 1969.

[43] John Hayes Anderson. The New Theologies in Perspective [M], S. C. : Droke House, 1968.

[44] Andrew M. Greeley. Unsecular Man: The Persistence of Religion [M], New York: Delta Books, 1972.

[45] John A. T. Robinson. Honest to God [M], Philadelphia: Westminster Press, 1963.

[46] Peter Berger. A Rumor of Angels [M], Garden City: Doubleday and Co. , 1969.

[47] Otto Muck. The Transcendental Method [M], New York: Herder and Herder, 1968.

［48］Karl Rahner. Spirit in the World ［M］, New York: Herder and Herder, 1968.

［49］Bernard Lonergan. Insight: A Study of Human Understanding ［M］, London: Longmans, Green, 1957.

［50］John B. Cobb. A Christian Natural Theology ［M］, Philadelphia: The Westminster Press, 1965.

［51］Frank B. Dilley. Metaphysics and Religious Language ［M］, New York: Columbia University Press, 1964.

［52］Langdon Gilkey, Naming the Whirlwind; Gregory Baum, Man Becoming ［M］, New York: Herder and Herder. 1970.

［53］Friedrich Schleiermacher. On Religion ［M］, 1799; reprint ed. , New York: Harper and Bros. Torchbook, 1958.

［54］Paul Tillich. Dynamics of Faith ［M］, New York: Harper and Bros. Torchbooks, 1958.

［55］Frederick Ferre. Language, Logic and God ［M］, New York: Harper & Row. 1961.

［56］Ian G. Barbour. Issues in Science and Religion ［M］, Englewood Cliffs: Prentice – Hall, Inc. , 1966.

［57］Frederick Ferre. Basic Modern Philosophy of Religion ［M］, New York: Charles Scribner' s Sons, 1967.

［58］Philip Wheelwright. Metaphor and Reality ［M］, Bloomington: Indiana University Press, 1971.

［59］Rollo May. ed. , Symbolism in Religion and Literature ［M］, New York: George Braziller, 1960.

［60］James B. Wiggins. ed. , Religion as Story ［M］, New York: Harper & Row, 1975.

[61] Wesley A. Kort. Narrative Elements and Religious Meanings [M], Philadelphia: Fortress Press, 1975.

[62] James Wm. McClendon. Jr. , Biography as Theology [M], Nashville: Abingdon Press, 1974.

[63] Sallie TeSelle. Speaking in Parables [M], Philadelphia: Fortress Press, 1974.

[64] Barry Commoner. The Closing Circle: Nature, Man and Technology [M], New York: Bantam Books, 1972.

[65] Frederick Ferre. Shaping the Future [M], New York: Harper & Row, 1976.

[66] Ian G. Barbour. Earth Might Be Fair: Reflections on Ethics, Religion and Ecology [M], Englewood Cliffs: Prentice – Hall Inc. , 1972.

[67] John B. Cobb. Is It Too Late? A Theology of Ecology [M], Beverly Hills: Bruce, 1972.

[68] Cobb, John B. Living Options in Protestant Theology [M] . Philadelphia: Westminster Press. 1962.

[69] Fowler, James W. To See the Kingdom [M], Nashville: Abingdon Press, 1974.

[70] Godsey, John D. The Promise of H. Richard Niebuhr [M], Philadelphia: J. B. Lippincott Co. , 1970.

[71] Hoedemaker. L. A. . The Theology of H. Richard Niebuhr [M], Philadelphia: Pilgrim Press, 1970.

[72] Holbrook, Clyde A. "H. Richard Niebuhr. " In A. Handbook of Christian Theologians [M], Edited by Martin E. Marty and Dean

G. Peerman, New York: The World Publishing Co. . 1965

[73] Ramsey, Paul, ed. Faith and Ethics: The Theology of H. Richard Niebuhr [M], New York: Harper&Bros. , 1957.

[74] Ramsey, Paul. Nine Modern Moralists [M], Englewood Cliffs: N. J—Prentice Hall, Inc. , 1962.

[75] Soper, David Wesley. Ma or Voices in American Theology [M], Philadelphia: The Westminster Press, 1953.

[76] Thelan, Mary Francis. Man as Sinner in Contemporary American Realistic Theology [M], New York: Kings Crown Press, 1946.

Articles :

[1] H. Richard Niebuhr. "Dogma: Sectarian Education"; "Fundamentalism"; "Higher Criticism"; "Protestantism"; "Reformation: Non – Lutheran"; "Religious Institutions", "Christian: Protestant"; in Encyclopaedia of the Social Sciences, ed. E. R. A. Seligman, New York: the Macmillan Co. , 1931.

[2] H. Richard Niebuhr. "Religious Realism in the 20th Century, in Religious Realism", ed. D. C. Macitosh, New York: the Macmillan Co. , 1931.

[3] H. Richard Niebuhr. "Value Theory and Theology", in The Nature of Religious Experience: Essays in Honor of Douglas Clyde Macintosh, ed. J. S. Bixler, R. L. Calhoun and H. R. Niebuhr, New York: Harper and Brothers, 1937.

[4] H. Richard Niebuhr. "The Religious Situation", in Contemporary Religious Thought, ed. T. S. Kepler, New York: Abingdon –

Cokesbury, 1941.

［5］ H. Richard Niebuhr. "Church：Conceptions of the Church" in Historical Christianity；"Ethics：Christian Ethics；Inspiration；Revelation"；Troeltsch, Ernst；in An Encyclopedia of Religion, ed. K. S. Latourette, New York, Landon：Harper & Brothers, 1946.

［6］ H. Richard Niebuhr. "The Responsibility of the Church for Society", in The Gospel, the Church and the World, ed. K. S. Latourette, New York, Landon：Harper & Brothers, 1946.

［7］ H. Richard Niebuhr, "Introduction to Essence of Christianity", by L. Feuerbach, New York：Harper & Brothers, 1947.

［8］ H. Richard Niebuhr. "The Disorder of Man in the Church of God", in Man's Disorder and God's Design, Vol. 1, New York：Harper & Brothers, 1947.

［9］ H. Richard Niebuhr. "Evangelical and Protestant Ethics", in the Heritage of the Reformation Essays Commemorating the Centennial of Eden Theological Seminary, ed. E. J. F. Arndt, New York：Richard R. Smith, 1950.

［10］ H. Richard Niebuhr. "The Centre of Value", in Moral Principles of Action：Man's Ethical Imperative, ed. R. N. Anshen, New York：Harper & Brothers, 1952.

［11］ H. Richard Niebuhr," Who are the Unbelievers and What Do They Believe?" In The Christian Hope and the Task of Churches, New York：Harper & Brothers, 1952.

［12］ H. Richard Niebuhr. "Christian Ethics：Sources of the Living Tradition", ed. Waldo Beach and H. Richard Niebuhr, New York：Ronald

Press Co. , 1955.

［13］ H. Richard Niebuhr. "Soren Kierkegaard", in Christianity and Existentialists, ed. By Carl Donald Michalson, New York: Scribner, 1956.

［14］ H. Richard Niebuhr. "The Churches of the Middle Class", in Religion, Society and the Individual: An Introduction to the Sociology of Religion, ed. John Milton Yinger, New York: Macmillan, 1957.

［15］ H. Richard Niebuhr. "Modification of Calvinism", in Religion, Society and the Individual: An Introduction to the Sociology of Religion, ed. John Milton Yinger, New York: Macmillan, 1957.

［16］ H. Richard Niebuhr. "Foreword to In His Likeness", by G. Mcleod Bryan, Richmond: John Knox Press, 1959.

［17］ H. Richard Niebuhr. "Christ and the Kingdom of Caesar," in Dimensions of Faith; Contemporary Protestant Theology by Carl Barth, ed. William Kimmel and Geoffrey Clive, New York: Twayne, 1960.

［18］ H. Richard Niebuhr. "Introduction to The Social Teachings of the Christian Churches by Ernst Troeltsch", New York: Harper Torchbooks, 1960.

［19］ H. Richard Niebuhr. "In How My Mind Has Changed", by John C. Bennett, H. Richard Niebuhr and Others, ed. By Harold E. Fey, Cleveland: Meridian Books, 1961.

［20］ H. Richard Niebuhr. "On the Nature of Faith", in Religious Experience and Truth: A Symposium, ed. Sidney Hook, New York: N. K. University Press, 1961.

［21］ H. Richard Niebuhr. "The Protestant Movement and Democracy in the United States", in Religion in American Life, Vol. 1, ed. James Ward

Smith and A. Leland Jamison, Princeton, N. J. : Princeton University Press, 1961.

[22] H. Richard Niebuhr. "The Grace of Doing Nothing", in Christian Century, ed. Harold E. Fey and Margaret Frakes, New York: Association Press, 1962.

[23] H. Richard Niebuhr. "The Story of Our Life", in Interpreting Religion, by Donald Walhout, Englewood Cliffs, N. J. : Princeton Hall, 1963.

[24] H. Richard Niebuhr. "Can German and American Christians Understand Each Other? " Christian Century 47, 1930.

[25] H. Richard Niebuhr. "Reformation: Continuing Imperative", Christian Century, 77, 1960.

[26] H. Richard Niebuhr. "Faith, Works and Social Salvation," Religion in Life, 1, 1932.

[27] H. Richard Niebuhr. "Nationalism, Socialism and Christianity," World Tomorrow 16, 1933.

[28] H. Richard Niebuhr. "Toward the Emancipation of the Church," Christendom 1, 1935.

[29] H. Richard Niebuhr. "The Attack Upon the Social Gospel," Religion in Life 5, 1936.

[30] H. Richard Niebuhr. "The Christian Evangel and Social Culture," Religion in Life 8, 1939.

[31] H. Richard Niebuhr. "War as the Judgment of God", Christian Century 59, 1942.

[32] H. Richard Niebuhr. "Is God in the War ?" Christian Century

59, 1942.

[33] H. Richard Niebuhr. "War as Crucifixion," Christian Century , 60, 1943.

[34] H. Richard Niebuhr. "Religious Realism in the Twentieth Centu-ry," in Macintosh, ed. , Religious Realism, New York: Harper & Bros. , 1937.

[35] H. Richard Niebuhr. "Can German and American Christians Un-derstand Each Other?" Christian Century 59, 1942.

[36] H. Richard Niebuhr. "Value Theory and Theology," in J. S Bix-ler, R. L. Calhoun, . and H. R. Niebuhr, eds. , The Nature of Religious Ex-perience, New York: Harper & Bros. , 1937.

[37] H. Richard Niebuhr. "An Aspect of the Idea of God in Recent Thought," Magazin fiir Evangelische Theologie und Kirche 48, 1920.

[38] H. Richard Niebuhr. "The Alliance Between Labor and Reli-gion," Magazin fiir Evangelische Theologie und Kirche 49, 1921. ;

[39] H. Richard Niebuhr. "Christianity and the Social Problem," Magazin fiir Evangelische Theologie und Kirche 50, 1922.

[40] H. Richard Niebuhr. "Back to Benedict," Christian Century 42 , 1925.

[41] H. Richard Niebuhr. "The Grace of Doing Nothing," Christian Century 49, 1932.

[42] H. Richard Niebuhr. "A Communication: The Only Way into the Kingdom of God, ʻChristian Century 49, 1932.

[43] Sydney E. Ahlstrom. "H. Richard Niebuhr' Place in American Thought," Christianity and Crisis 23 , 1963.

［44］ H. Richard Niebuhr. "The Idea of Covenant and American. Democracy," Church History 23, 1954.

［45］ H. Richard Niebuhr. "The Ego – Alter Dialectic and the Conscience," Journal of Philosophy 42, 1945.

［46］ H. Richard Niebuhr. "The Gift of the Catholic Vision," Theology Today 4, 1948.

［47］ H. Richard Niebuhr. "The Triad of Faith;" Andover Newton Bulletin 47, 1954.

［48］ H. Richard Niebuhr. "On the Nature of Faith," in Sidney Hook, ed., Religious Experience and Truth, New York: New York University Press, 1961.

［49］ Lyn White, Jr. "The Historical Roots of our Ecologic Crisis," published in Science 155, 1967.

［50］ H. Richard Niebuhr. "The Doctrine of the Trinity and the Unity of the Church," Theology Today 3, 1946.

［51］ . H. Richard Niebuhr. "The Idea of Covenant and American Democracy," Theology Today 3, 1946.

［52］ H. Richard Niebuhr. "Issues Between Protestants and Catholics," Religion in Life 23, 1954.

［53］ H. Richard Niebuhr. "The Norm of the Church," Journal of Religious Thought 4, 1946.

［54］ H. Richard Niebuhr. "The Gift of the Catholic Vision," Journal of Religious Thought 5, 1946.

［55］ H. Richard Niebuhr. "Life is Worth Living," Intercollegian and Far Horizons 57, 1939.

［56］ Rexford F. Tucker. "H. Richard Niebuhr and the Ethics of Responsibility", Ph. D. diss. , Drew University, 1970.

［57］ H. Richard Niebuhr. "The Triad of Faith," Journal of Religion 14, 1935.

［58］ H. Richard Niebuhr. "Man the Sinner," Journal of Religion 15, 1935.

［59］ D. M. Baillie' s "paradox of grace" in God Was in Christ, New York: Charles Scribner' s Sons, 1948.

［60］ James W. Fowler. "Christology and Methodology in H. Richard Niebuhr" , Ph. D. diss. , Duke University, 1963.

［61］ Thomas W. Ogletree. "From Anxiety to Responsibility," The Chicago Theological Seminary Register 43, 1968.

［62］ Kenneth Boulding. "The Principle of Personal Responsibility," Beyond Economics, Ann Arbor: The University of Michigan Press, 1968.

［63］ Robert O. Johann. "Authority and Responsibility," Freedom and Man, ed. John Courtney, S. J. New York: P. J. Kenedy and sons 1967.

［64］ James Gustafson. "Christian Ethics and Social Policy," in Faith and Ethics, ed. Paul Ramsey; Waldo Beach, 1957.

［65］ H. Richard Niebuhr. "The Hidden Church and the Churches in Sight," Religion in Life 15, 1945 – 46.

后　记

选择西方基督教学界最后一位神学思想家 H. R. 尼布尔的神学伦理学思想作为研究对象，是基于自己 33 年的高等教育教学第一线的专业背景，体验到了当今学子信仰的匮乏，人的灵魂被金钱、权力、美色、名利、感情捆绑的现实，希望能够运用自己对最后美国一位神学家的伦理思想的梳理，对人的信仰回归的觉醒有所帮助。

信仰危机，源于物欲横流的人生成长过程中的灵魂堕落，人们不再思考诸如"人从何处来、该向何处去、高人的道德伦理是什么样子的、今生今世的使命是什么、如何开发真我的创造性潜能"等等生命观上的一系列重大问题。如此一来，人的自我实现就转向了彻头彻尾的对五俗（钱、权、色、利、情）的追逐中，忘记了先祖"三尺头顶有神明"的古训，对德、信、仁、义、智（五雅）麻木。每当五雅与五俗发生矛盾时，何去何从已经十分明显。殊不知，离开五雅，五俗的获取不是命福，而是命账。

在我看来，当人人都在追逐俗世尘世中的五俗的时候，人的良知就被关闭。试想，关闭了良知的世界是多么的冷漠和可怕？这个时候信仰的回归、良知的觉醒，就凸显出了时代的迫切性。当良知唤醒的时候，信仰的力量会带着良知走向对德、信、仁、义、智之五雅的深究，人们就会自动识别德钱、信权、仁色、义利、情智之间的绝对因果性关系。

这种良知与信仰的失而复归，智慧向事物的纵深处探索，不正是人之为人的时代必须？